PRÉCIS

HISTORIQUE.

PRÉCIS HISTORIQUE

DES

ÉVÉNEMENS QUI ONT CONDUIT

JOSEPH NAPOLÉON

SUR LE TRONE D'ESPAGNE;

Par Abel Hugo.

PARIS,

DE L'IMPRIMERIE DE E. POCHARD,

RUE DU POT-DE-FER-SAINT-SULPICE, N° 14.

M. DCCC. XXIII.

PRECIS HISTORIQUE
DES ÉVÉNEMENS
QUI ONT CONDUIT
JOSEPH NAPOLÉON
SUR LE TRONE D'ESPAGNE.

PROCLAMATION DU PRINCE DE LA PAIX. — SES SUITES.

L'ARMÉE française venait de triompher à Jéna; l'empereur Napoléon, sur le champ de bataille, au milieu de ses généraux, donnait des ordres pour rendre profitables les suites de la victoire. L'ennemi dispersé, accélérait sa retraite. On n'entendait déjà plus que le bruit éloigné d'une faible canonnade, dernier effort des fuyards, pour ralentir la poursuite des soldats victorieux. Certain que de nouveaux triomphes, en amenant la dissolution de la ligue ourdie par les manœuvres, et soutenue par les subsides du cabinet britannique, vont bientôt assurer à la France une paix conquérante, le chef de l'empire français voyait déjà en perspective la ruine imminente de l'Angleterre, son implacable ennemie : celle-ci, menacée à Boulogne, avait cru ébranler son trône en armant simultanément les trois puissances du Nord, la Prusse, l'Autriche et la Russie ; ces puissances vaincues, Napoléon devenait à son tour maître de former une vaste coalition continentale contre les dominateurs de la mer, et les usurpateurs du commerce du monde. Il était assuré que l'Europe entière concourrait à sa vaste entreprise ; les états du Nord devant subir cette coopération comme clause du traité de paix, et les états du Midi de l'Europe obéissant à ses ordres, les uns gouvernés par des princes de sa famille, les autres soumis à une alliance onéreuse, mais imposée par la crainte de ses armes terribles.

En ce moment, interrompant les rêves du conquérant, se présente devant lui un courrier qui lui remet une dépêche de son ambassadeur à Madrid; l'empereur l'arrache brusquement des mains du messager, l'ouvre, la lit précipitamment, pâlit un instant; puis, froissant la dépêche entre ses doigts convulsifs, s'écrie avec l'accent d'une colère concentrée : *ils me la paieront*.

Ces mots vulgaires et menaçants sont entendus des généraux, des ministres et des officiers qui l'entourent, qui voient sa colère et qui ne la comprennent point encore. Bientôt tout est expliqué. On apprend que la dépêche renferme une proclamation, que cette proclamation appelle, au nom de leur Roi, les Espagnols aux armes contre un ennemi qui n'y est pas nommé; enfin qu'elle est signée : le *Prince de la Paix* (*).

(*) Voici le texte de cette fameuse proclamation du Prince de la Paix :

« **Dans des circonstances moins dangereuses que celles « où nous nous trouvons aujourd'hui, les bons et loyaux « sujets se sont empressés d'aider leurs souverains par « des dons volontaires et des secours proportionnés « aux besoins de l'État; c'est donc dans la situation ac- « tuelle qu'il est urgent de se montrer généreux envers « la patrie. Le royaume d'Andalousie, favorisé par la**

Mais quel est ce Prince de la Paix qui a pu faire pâlir l'empereur Napoléon au sein même d'une victoire? c'est un homme par-

---

« nature dans la reproduction de chevaux propres à la « cavalerie légère; la province de l'Estramadure, qui « rendit, en ce genre, des services si signalés au roi « Philippe V, verraient-ils avec indifférence la cavalerie « du roi d'Espagne réduite et incomplète faute de che- « vaux? non, je ne le crois pas. J'espère, au contraire, « qu'à l'exemple des illustres aïeux de la génération pré- « cédente, les petits enfans de ces braves s'empresse- « ront aussi de fournir des régimens ou des compagnies « d'hommes habiles dans le maniement du cheval, pour « être employés au service et à la défense de la patrie, « tant que durera le danger actuel; une fois paré, ils « rentreront pleins de gloire dans leurs familles, chacun « se disputera l'honneur de la victoire; l'un attribuera « à son bras le salut de sa famille; l'autre, celui de son « chef, de son parent ou de son ami; tous, enfin, s'at- « tribueront le salut de leur patrie. Venez, chers com- « patriotes, venez vous ranger sous les bannières du « meilleur des souverains. Venez, je vous accueillerai « avec reconnaissance; je vous en offre, dès aujour- « d'hui, l'hommage, si le Dieu des victoires nous ac- « corde une paix heureuse et durable, unique objet de « nos vœux. Non, vous ne céderez ni à la crainte ni à la « perfidie; vos cœurs se fermeront à toute espèce de sé- « duction étrangère; venez, si nous ne sommes pas « forcés de croiser nos armes avec celles de nos ennemis,

venu au pouvoir, non pas comme Buonaparte, par ses exploits militaires et par son génie, mais par l'intrigue et par la bassesse.

« vous n'encourrez pas le danger d'être notés comme suspects, et d'avoir donné une fausse idée de votre honneur, en refusant de répondre à l'appel que je vous fais.

« Mais si ma voix ne peut réveiller en vous les sentimens de votre gloire, soyez vos propres instigateurs, devenez les pères du peuple au nom duquel je vous parle; que ce que vous lui devez vous fasse souvenir de ce que vous vous devez à vous-mêmes, à votre honneur et à la religion sainte que vous professez.

« *Signé* LE PRINCE DE LA PAIX.

« Au palais royal de Saint-Ildephonse, le 5 octobre 1806. »

Cette pièce, dont les suites furent si importantes, avait été inspirée au favori de Charles IV, par les agens de l'Angleterre. Au commencement de sa fortune, il avait joui de quelque popularité, en se déclarant pour la guerre contre la France. C'était à l'époque funeste de l'attentat du 21 Janvier. Toute l'Espagne indignée du crime de la Convention demandait la guerre; le gouvernement, qui manquait d'argent, hésitait; les citoyens se chargèrent de subvenir aux besoins du trésor; et tel fut alors l'enthousiasme de la nation espagnole, qu'en peu de semaines, chose admirable, la somme de 73 millions de francs fut produite par les dons volontaires. Don Manuel Godoy suivit le mouvement général, et dec'est Manuel Godoy, qui, du rang de simple garde-du-corps, est, en peu d'années, arrivé, par un grand scandale public, aux premières dignités du royaume d'Espagne; c'est le favori du souverain; un homme qui, sans les talens de ces fameux favoris espagnols, tels que le connétable Alvaro de Luna, le marquis de Siete-Iglesias et le comte-duc d'Olàvidès, a surpassé leur fortune.

Un Godoy oser attaquer un Napoléon! cette idée transportait l'empereur d'une rage qu'il se garda pourtant bien de laisser paraître; car cet homme d'un génie extraordinaire, qui s'emportait si facilement pour la moindre contrariété domestique, savait se contraindre lorsque la manifestation inopportune de sa colère pouvait en arrêter les effets. Il connaissait le proverbe italien : *La*

---

vint, pendant quelques jours, à cause de son opinion sur la guerre, le favori de la nation. Il croyait, par sa proclamation de 1806, retrouver sa popularité perdue; il se trompa. Les temps n'étaient plus les mêmes, son administration désastreuse avait pesé sur l'Espagne, et sa proclamation mystérieuse n'y produisit aucun effet. Le peuple, qui oublie si facilement les bienfaits, conserve un souvenir opiniâtre des persécutions.

vengeance est un fruit qu'il faut laisser mûrir. La paix n'était pas signée avec les puissances ennemies; elles étaient vaincues, mais non pas encore accablées. La guerre avec le Midi eût été impolitique et désastreuse, en ce qu'elle pouvait faire une puissante diversion en faveur des rois coalisés, et jeter l'empire français dans de grands embarras. Napoléon fut obligé de temporiser. Sans laisser paraître qu'il eût été inquiété par la proclamation, il demanda dans quel but elle avait été faite. Le ministre espagnol, connaissant la victoire de Jéna, et effrayé de son imprudente levée de boucliers, répondit qu'il avait craint une tentative armée de l'empereur de Maroc, et quelques mouvemens militaires du Portugal; le monarque français eut l'air de trouver cette réponse satisfaisante.

Cependant la glorieuse paix de Tilsit laissa l'empereur libre de s'occuper des soins de sa vengeance, et contre l'Espagne d'où était partie la proclamation, et contre l'Angleterre qui avait poussé l'Espagne à cette dangereuse attaque. Il comprit que l'alliance avec le Midi ne lui offrait plus la même stabilité que par le passé; l'Espagne ruinée dans son commerce, et privée, par le système continental, des ressources de ses colonies, desirait la rupture du traité qui la liait à la France. Napoléon voulut prévenir cette rupture, recommencer, comme il le disait, l'ouvrage de Louis XIV, et renouer avec solidité la ligue des États du Midi, en plaçant des princes de sa famille à la tête de tous ces états. Il est douteux, quoiqu'on l'ait assuré, que les desseins de son ambition aient été plus étendus : ces mots qui lui sont attribués : *Avant peu ma dynastie sera la plus ancienne*, ne peuvent être appliqués qu'au Midi (*). Sa famille quoique nombreuse, ne l'aurait point été assez pour oc-

---

(*) La formation d'une confédération des États du Midi, sous la protection de la France, paraît avoir été dans tous les temps le projet de Napoléon. A une époque où il n'était encore que le général Buonaparte, un des employés supérieurs de l'armée d'Italie lui a entendu dire : *Il faut qu'un jour la Méditerranée devienne le lac français*. L'affermissement de sa dynastie sur les trônes d'Italie, de Naples et d'Espagne aurait fait réussir son gigantesque dessein, auquel il avait préludé par l'occupation militaire des Iles-Ioniennes, et par son ex-

cuper et conserver tous les trônes, il le savait bien; mais se considérant comme héritier, par la conquête, de la couronne de Louis XIV, il voulait être le maître de tous les royaumes qui avaient formé l'héritage des descendans du grand roi. Joseph tenant déjà le sceptre de Naples, il ne lui manquait plus que la péninsule hispanique pour achever l'accomplissement de son desir ambitieux. Malheureusement, en n'attaquant pas l'Espagne après la proclamation du Prince de la Paix, et en ne profitant pas de cette cause réelle de guerre pour légitimer son invasion, il avait ôté la justice au succès de son entreprise. Nul doute que s'il eût pu entrer, en

pédition en Égypte. Personne, à l'époque où il dévoilait ainsi ses projets sur l'empire de la mer Méditerranée, n'aurait osé prévoir sa grandeur future; mais Buonaparte avait mesuré avec son génie le but élevé qu'il voulait atteindre, il avait compris qu'il avait la puissance d'y arriver; il aurait sans doute pu s'emparer de l'autorité aussitôt après ses conquêtes en Italie, mais il devinait les destinées de la république; il se sentit assez fort pour attendre, et il laissa les partis révolutionnaires se détruire les uns par les autres, s'user, en quelque sorte, d'eux-mêmes, afin de les vaincre ensuite plus facilement, et de les anéantir sans secousse.

ennemi, dans la monarchie de Charles IV, au moment où ce prince semblait lui-même violer une alliance solennellement jurée, il n'eût triomphé d'un roi, que l'administration du favori avait peut-être privé de l'amour de son peuple : il alors aurait pu placer son frère sur le trône conquis; de bonnes lois, une liberté réglée et sage, une administration paternelle eussent guéri les plaies de l'État. La bonté et l'affabilité naturelles à Joseph eussent fait le reste. La grande masse de la nation, cette masse moutonnière et indifférente au choix du pasteur, n'était pas éloignée de souhaiter un changement de dynastie. Le grand nombre de partisans que trouva Joseph, le prouve suffisamment. Mais nous avons vu plus haut quelle cause politique empêcha Napoléon de se déclarer après la fameuse proclamation du 5 octobre 1806. L'Espagne qui se serait soumise à la victoire, s'arma contre la trahison. Napoléon qui pouvait être conquérant fut usurpateur : et dès lors l'issue de la guerre ne pouvait pas être heureuse.

Voyons quelle fut la conduite du Prince

favori, quand l'empereur eut conquis la paix sur la coalition vaincue.

Traité de Fontainebleau. — Invasion du Portugal.

Godoy s'attendait à la vengeance soudaine de Napoléon; le délai que celui-ci mit à agir lui fit croire que, dupe de la réponse du ministère espagnol, sur les armemens annoncés dans la proclamation, il considérait cet acte, comme indigne de son attention. Bientôt l'empereur lui rendit l'espérance en lui offrant son amitié.

Il y avait alors à Paris un agent reconnu du gouvernement français, et uniquement chargé des intérêts privés du Prince de la Paix; cet homme, dont le nom est devenu fameux à cause du rôle qu'il a joué dans ces événemens, s'appelait Isquierdo. Il jouissait du titre de conseiller d'état honoraire. Sa mission était ignorée du ministère espagnol et de l'ambassadeur d'Espagne à Paris.

L'Europe entière avait adopté le système continental; seul, le prince régent de Portugal que ce système aurait ruiné, voulait conserver la neutralité entre la France et l'Angleterre. Napoléon, jaloux de cette neutralité, et assez fort dans ce temps-là pour ne vouloir que des amis ou des ennemis, exigea du ministère portugais une rupture avec le ministère britannique. Le prince régent crut en vain, sauver ses états par une réponse évasive. Napoléon n'aimait pas les refus : il avait menacé d'appuyer, par les armes, ses dispositions diplomatiques; une armée rassemblée sur les bords de la Gironde, attendait une destination : aussitôt que la réponse de la cour de Lisbonne arriva au cabinet impérial, qu'elle ne satisfit point, cette armée, commandée par Junot, reçut l'ordre de passer la Bidassoa et d'agir contre le Portugal de concert avec un corps d'armée, qu'aux termes du traité d'alliance, l'Espagne fut obligée de fournir. On connaît la malheureuse issue de cette expédition. Il n'entre pas dans le plan que je me suis proposé d'en raconter les détails.

Cependant, pour couvrir l'entreprise contre le Portugal, d'un but d'utilité publique, aux yeux de Charles IV, et pour obtenir, sans faire naître aucun ombrage à la nation Espagnole, l'introduction et le passage des troupes françaises, Napoléon avait offert à l'Espagne, représentée par le Prince de la Paix, le partage du Portugal qui ne leur appartenait légitimement, ni à l'un ni à l'autre.

Pour éblouir les yeux de Godoy, il lui montra, dans le lointain, le trône indépendant des Algarves, refuge assuré contre la haine du peuple espagnol; et de crainte que cette générosité désintéressée ne donnât quelque soupçon de ses desseins secrets, il consentit à recevoir en échange, du Prince de la Paix, le royaume d'Étrurie, dont celui-ci n'avait pas le droit de disposer.

Le traité, qui consomma cette injustice, fut signé à Fontainebleau, le 27 octobre 1807, par le maréchal du palais Duroc, et par le conseiller Isquierdo, agent du Prince de la Paix. Ce traité est demeuré secret, même pour le ministère espagnol, jusqu'à l'entier accomplissement des événemens qu'il préparait. Charles IV en eut connaissance; mais ce monarque, dont l'esprit était fasciné par la reine son épouse, approuvait avec joie tout ce qui tendait à augmenter la fortune du favori.

La clause importante aux yeux de Napoléon, celle qui était si nécessaire à ses projets, avait été rejetée comme accessoire et indifférente à la fin du traité. Elle stipulait l'introduction en Espagne, de trente mille hommes de troupes impériales françaises, destinées, en apparence, à agir contre le Portugal, et, en réalité, à assurer l'invasion de la Péninsule.

Les troupes françaises entrèrent en Espagne, et il y en entra plus du double de ce qui avait été convenu dans le traité. Elles s'emparèrent, par surprise, des forteresses de Barcelonne, Figuières, Pampelune et Saint-Sébastien, et s'avancèrent lentement dans la Péninsule, en alliés, qui ne demandaient qu'à devenir ennemis.

Il ne faut pas croire, cependant, que les Espagnols les regardassent comme tels. Dans les royaumes où il y a un favori, l'héritier présomptif de la couronne est naturellement son ennemi. Ferdinand, alors prince reconnu des Asturies avait, dans le dessein de se ménager un appui contre le Prince de la Paix, sollicité l'amitié de l'empereur des Français; et Napoléon, tout en traitant avec

Godoy, n'avait point repoussé les ouvertures de Ferdinand; quelques agens secrets correspondaient avec celui-ci, et le peuple, trompé par les bruits qu'ils répandaient, croyait que l'armée impériale ne s'avançait en Espagne que pour les délivrer de la tyrannie du favori et faciliter les réformes desirées dans les lois et l'administration. La surprise des citadelles ne détruisit même pas cette opinion favorable: on n'y vit que le desir de s'assurer d'une garantie, contre les partisans du Prince de la Paix. Les Français furent donc reçus comme des frères et des sauveurs.

Pour bien comprendre cet accueil amical, il faut jeter les yeux sur l'état déplorable où l'Espagne se trouvait réduite par suite de l'administration dirigée par le favori.

La machine du gouvernement était désorganisée, toutes les branches de l'administration étaient livrées au plus effroyable désordre. Les troupes de terre et de mer n'étaient point payées. Il en était de même des employés des administrations et des tribunaux. L'État chargé d'une dette énorme, était sans crédit; une immense quantité de

Valès circulaient avec une perte scandaleuse; les biens des hôpitaux et des fondations pieuses, dont l'État s'était emparé en les destinant à l'extinction de ces billets royaux, avaient été détournés de leur destination, les conditions des emprunts n'avaient pas été remplies. Les grands établissemens ne pouvaient venir au secours de l'État; les uns (la banque) parce que l'État leur devait presque tous ses capitaux; les autres (la compagnie des Philippines et les corporations des cinq gremios) parce que les sommes considérables qu'ils avaient prêtées au trésor public n'étaient pas rentrées dans leurs caisses; d'autres encore (le consulat de Cadix) parce qu'ils avaient épuisé tous leurs moyens pour réaliser les emprunts faits pour le compte du gouvernement. Enfin le désordre de l'administration était tel, que toutes les ressources de l'Espagne et des Indes ne pouvaient suffire aux besoins de chaque jour (*).

(*) La population de l'Espagne, suivant le dernier recensement fait avant 1808, s'élevait à 10,541,221 individus; ce nombre, comparé au résultat de 1789, in-

On conçoit que, dans cet état de choses, le peuple espagnol desirât un changement dans le gouvernement du royaume.

---

diquait une augmentation de population de seulement 273,071 individus, progression bien faible, mais qui ne doit point étonner, à cause du grand nombre d'hommes et de femmes non mariés ou veufs.

Lors du dernier recensement, la population était répartie ainsi qu'il suit :

Castille nouvelle.	1,227,293
Castille vieille	2,242,882
Aragon.	657,376
Catalogne.	858,818
Valence	1,208,285
Iles Baleares.	186,979
Navarre.	221,728
Guipuscoa.	283,450
Andalousie.	1,214,254
Grenade.	695,168
Galice	1,142,630
Estramadure.	428,493
Iles Canaries.	173,865
Total.	10,541,221

La population des îles Canaries figure dans ce tableau; elle a toujours été comptée avec celle de la Péninsule, l'Espagne ayant dû, par suite de la destruction totale des *Guanches* leurs habitans primitifs, supporter le

Napoléon, qui est aujourd'hui en exécration à toute l'Espagne, était au commencement de 1808 l'admiration du peuple

---

fardeau de leur repopulation. Il en a été de même pour Saint-Domingue, la Havane, le Pérou et une partie du Chili : ces émigrations successives ont beaucoup contribué, avec l'expulsion des Juifs et des Maures, à la dépopulation de la Péninsule.

En 1808, la population totale du pays soumis à la domination espagnole s'élevait, en Afrique, à un million et demi, et en Amérique, suivant les calculs de M. Humboldt, à treize millions et demi d'habitans.

En 1807, et dans les années antérieures, les revenus de l'Espagne, y compris l'argent reçu d'Amérique, se sont élevés à 174,850,000 francs, tandis que les dépenses n'ont jamais été au-dessous de 261,712,500 francs; le déficit annuel était donc de 106,862,500 francs, (pendant l'année 1799, il s'est même élevé à 332,414,988 f.). Avec une pareille administration, on ne doit pas être étonné de la dette immense et toujours croissante qui dévorait ce malheureux pays.

Le capital de cette dette était, au commencement de 1808, suivant les états officiels, de 1,799,666,972 fr. 75 c., dont les intérêts se montaient à 54,675,368 fr. 25 c. Depuis 1808, sans compter les *cédules hypothécaires* créées par Joseph Napoléon, la dette a été successivement augmentée de trois emprunts considérables.

L'armée espagnole présentait, en janvier 1808, un effectif de 131 régimens (artillerie, infanterie, cavalerie, génie et milices,) formant un total de 141,094 hommes et

espagnol. Son portrait se trouvait dans toutes les maisons, son nom et ses louanges dans toutes les bouches. Les Espagnols ne connaissaient de lui que ses victoires, ses grands actes d'administration, et son code de lois civiles; ils voyaient en lui, le vainqueur de l'anarchie et le restaurateur de la religion en France; ils espéraient que, par amitié pour leur jeune prince, et par intérêt pour sa propre gloire, il viendrait rétablir en Espagne, comme il l'avait fait en France, un gouvernement régulier et stable. Les Espagnols étaient dévoués aux Bourbons; les événemens déplorables qui se passèrent bientôt à l'Escurial et à Aranjuez, en ébranlant leur amour pour cette auguste famille, facilitèrent, dans le principe, la réussite du projet qu'avait formé Napoléon,

---

11,503 chevaux. La garde du roi y était comprise pour environ 6,500 fantassins et 1,600 cavaliers.

La marine royale comptait, à la même époque, 16 vaisseaux, 5 frégates, 62 corvettes, bricks, etc.; total 83 bâtimens armés; et 26 vaisseaux, 25 frégates, 98 corvettes; ensemble, 149 désarmés : en tout 232 navires.

de placer un prince de sa maison sur le trône des Espagnes et des Indes.

AFFAIRE DE L'ESCURIAL.

La haute faveur de don Manuel Godoy, d'une part, et, de l'autre, les intérêts prévoyans qui s'attachent à la fortune de tout prince destiné au trône, avaient créé deux partis dans la cour d'Espagne : celui du prince des Asturies ; connu sous le nom de *Parti de la chambre du prince*, et celui du favori, qu'on appelait le *Parti de la chambre du roi*, et qui aurait été mieux désigné par le titre de *Parti de la chambre de la reine ;* car Charles IV était gouverné par son épouse.

Les démarches de Ferdinand étaient surveillées avec rigueur. Cette surveillance n'avait cependant point empêché le jeune prince de prendre secrètement diverses mesures pour le cas où la mort subite du roi l'appellerait au trône. Il avait des serviteurs fidèles; Godoy n'avait que des créatures intéressées (*).

(*) Le chanoine Escoïquiz était l'âme du conseil du prince, dont faisaient partie les ducs de San Carlos et de l'Infantado, les comte d'Orgaz et de Bornos, le mar-

La santé de Charles IV, malgré l'excellent tempérament de ce monarque, commençait à éprouver quelques atteintes qui donnaient des inquiétudes au Prince de la Paix; Godoy songea à se ménager un appui dans l'héritier présomptif lui-même. Un mariage lui parut le moyen le plus sûr et le plus facile. Sa belle-sœur la princesse Marie Louise de Bourbon, pouvait, par sa naissance, prétendre à l'alliance d'un souverain; en la faisant épouser au prince des Asturies, il associait, en quelque sorte, le jeune prince à sa fortune du moment, afin d'être à même de partager un jour sa puissance future. Charles IV approuva les projets de son favori, et se chargea de proposer lui-même cette union à Ferdinand, veuf depuis quelque temps. Celui-ci reconnut les manœuvres de Godoy, résista avec respect aux prières et aux ordres du roi son père, et refusa un mariage qui l'aurait fait entrer dans la famille de son ennemi.

---

quis d'Ayerbe et quelques autres partisans du prince. Le conseil ne se réunissait point, mais il communiquait par une correspondance en chiffres.

Échappé avec peine à cette tentative, le prince des Asturies, conseillé par ses amis et sentant bien qu'il ne pourrait pas lutter long-temps contre les desseins de Godoy, appuyés par les volontés du roi, se décida à implorer la protection de Napoléon, en lui demandant la main d'une des princesses de sa famille. L'ambassadeur de France à Madrid fut l'intermédiaire de cette négociation, dont l'heureuse issue pouvait sauver l'Espagne, et suffire à la politique de Napoléon. Quelques secrètes que fussent les démarches du prince, elles n'échappèrent point aux agens de Godoy.

Celui-ci comprit qu'il fallait, pour la sûreté de sa faveur, que le prince des Asturies succombât. Il se croyait certain de l'amitié puissante de l'empereur; il résolut de tout oser.

Tel fut le principe du fameux événement de l'Escurial qui, en mettant au grand jour les divisions intérieures de la famille royale d'Espagne, accéléra la ruine du Prince de la Paix, et le développement des projets de Napoléon.

On avait nourri, dans l'esprit de Charles IV, de funestes préventions contre son fils aîné.

On le lui avait représenté comme capable d'oublier, à la fois, et les sentimens d'un fils et les devoirs d'un sujet. Dans son triste aveuglement, le roi ajoutait foi à toutes ces accusations calomnieuses.

Un soir (la famille royale habitait l'Escurial), c'était entre sept et huit heures (le 27 octobre 1807), Charles IV reçoit une lettre anonyme, qui lui dénonce Ferdinand comme chef d'une conspiration tramée contre son trône et contre sa vie. La frayeur est crédule: saisi d'effroi et de colère, le roi appelle aussitôt les ministres secrétaires d'état, assemble ses gardes, se met à leur tête, s'avance vers les appartemens de Ferdinand, s'en fait ouvrir les portes, reste sourd à toutes les questions de son fils, lui demande son épée pour toute réponse et le fait garder à vue, comme un criminel, dans une chambre subitement transformée en prison (*).

Parmi tous les papiers saisis dans le cabinet du prince des Asturies, il ne s'en trouva, au grand étonnement de Godoy,

(*) Les amis connus du prince furent tous arrêtés, dans le même temps, par ordre du roi.

aucun qui justifiât ses accusations. En jugeant le fils de son roi, d'après son propre cœur, il s'était trompé. Il le savait offensé; il l'avait cru altéré de vengeance (*).

A la nouvelle de l'outrage fait à Ferdinand qui, par cela même qu'il était l'ennemi du favori, était aussi l'ami du peuple, un soulèvement eut presque lieu dans Madrid. Le prince arrêté, ses juges rassemblés, son procès devenait inévitable, et la responsa-

(*) Les papiers trouvés chez Ferdinand et inventoriés par le magistrat chargé d'instruire le procès, se réduisaient à :

1° Quelques pages écrites de la main du prince, et adressées au roi son père, contre l'administration du Prince de la Paix;

2° Un autre écrit de lui, où il déduisait les motifs qui l'avaient porté à refuser la main de la cousine de son père, et à solliciter celle d'une parente de Napoléon;

3° Une lettre datée de Talaveyra, sans signature, en réponse à diverses demandes du prince;

4° Un alphabet en chiffres servant à son Altesse dans sa correspondance avec ses conseillers;

5° Un autre alphabet en chiffres, qui avait servi à la défunte princesse des Asturies, pour correspondre avec sa mère, la reine de Naples.

6° Et enfin un billet, sans signature et sans intérêt politique, d'un ancien serviteur du prince.

bilité d'une accusation entièrement dénuée de preuves, allait retomber, tout entière, sur la tête de l'audacieux Prince de la Paix. On peut facilement se faire une idée de l'état d'agitation où se trouvaient la cour, l'armée, le peuple, et surtout le favori menacé par le coup qu'il avait dirigé lui-même.

Cependant, dans sa prison, Ferdinand était livré aux réflexions les plus pénibles. L'attentat récent de Godoy lui prouvait assez qu'aucune barrière n'était capable d'arrêter son audace. Le meurtre juridique de l'infant don Carlos, offrait un sanglant précédent dans l'histoire d'Espagne, sur lequel la mémoire du Prince ne devait pas se reporter sans effroi. L'incertitude des crimes dont il était accusé, ajoutait encore à l'indécision de son esprit ; enfin, dans cet état de perplexité, il se décida à couper court à toutes les calomnies.

On apprit donc ce que, sans son aveu, on n'aurait jamais su : qu'il avait écrit à Napoléon, pour lui demander la main d'une princesse de la famille impériale ; ensuite, qu'il avait nommé le duc de l'Infantado généralissime, pour le cas où quelqu'un viendrait à lui disputer la succession, si le roi Charles IV venait à mourir.

Malgré l'investigation des papiers et les déclarations du prince, par lesquelles son innocence était si clairement démontrée, le Prince de la Paix voulait se retrancher, contre l'animosité du peuple espagnol, derrière le nom sacré du souverain, et couvrir du manteau royal l'attentat de son ambition. Il osa faire publier, dans la gazette de Madrid, du 31 octobre 1807, un décret rédigé sous le nom de Charles IV, par lequel il dénonçait à l'Espagne et à l'Europe les crimes prétendus dont Ferdinand était accusé. Comme plusieurs secrétaires du roi ont attesté que le Prince de la Paix fut, lui-même, l'auteur et le rédacteur de cet article (*), il ne sera pas inutile de le rapporter ici textuellement.

« Dieu qui veille sur tous ses enfans ne permet pas « la consommation des faits atroces dirigés contre des « victimes innocentes. C'est par le secours de sa toute « puissance que j'ai été sauvé de la plus affreuse catas-

(*) On en trouva la minute, écrite en entier de sa main, parmi les papiers saisis lors des événemens d'Aranjuez.

« trophe. Mes peuples, mes sujets, tout le monde con-
« naît ma religion et la régularité de ma conduite;
« tous me chérissent et me donnent ces marques de
« vénération qu'exigent le respect d'un père et l'amour
« de ses enfans. Je vivais tranquille au sein de ma fa-
« mille, dans la confiance de ce bonheur, lorsqu'une
« main inconnue m'apprend et me dévoile le plus
« énorme plan et le plus inattendu qui se tramait
« dans mon propre palais, et contre ma personne. Ma vie,
« qui a été si souvent en danger, était une charge pour
« mon successeur qui, préoccupé, aveugle et abjurant
« tous les principes de religion qui lui étaient imposés
« avec le soin et l'amour paternel, avait adopté un
« plan pour me détrôner. J'ai voulu m'en imposer sur
« la vérité de ce fait; l'ayant surpris dans mon appar-
« tement, j'ai mis sous ses yeux les chiffres d'intelli-
« gences et circonstances qu'il recevait des malveillans.
« J'ai appelé à l'examen le gouverneur lui-même du
« conseil; je l'ai associé aux autres ministres pour
« qu'ils prissent avec la plus grande diligence des in-
« formations. Tout s'est fait; il en est résulté la con-
« naissance de différens coupables, dont l'arrestation
« a été décrétée. La prison de mon fils est son habitation.
« Cette peine est venue accroître celles qui m'affligent;
« mais comme elle est la plus sensible, elle est aussi
« la plus importante à guérir : en conséquence, j'or-
« donne que le résultat en soit public; je ne veux pas
« cacher à mes sujets l'authenticité d'un chagrin qui
« sera diminué, lorsqu'il sera accompagné de toutes
« les preuves requises avec loyauté; je vous fais con-

« naître mes intentions pour que vous les fassiez cir-
« culer dans les formes convenables.

« Moi, le Roi.

» San Lorenzo, le 30 octobre 1807.

Contresigné :

Le Gouverneur par intérim du Conseil royal de Castille.

En même temps, le prince de Masserano, ambassadeur d'Espagne à Paris, recevait l'ordre de présenter à Napoléon une lettre de Charles IV, par laquelle il faisait connaître à l'empereur, comme à son fidèle allié, que Ferdinand avait conspiré contre la souveraineté de son père, et contre la vie de sa mère; et, qu'ainsi, il était résolu de l'exclure de sa succession à la couronne, pour y appeler un autre de ses fils.

Ce décret publié dans la gazette de Madrid, et, successivement, dans toutes les gazettes de l'Europe, produisit comme un coup de tonnerre au milieu du monde Européen.

Au premier mouvement, mêlé d'horreur et d'étonnement, succéda un cri de pitié, lorsque la trame de cette ténébreuse machination fut entrevue. Une révolte était à craindre en Espagne. Voici l'expédient que son génie infernal suggéra au Prince de la Paix, pour se tirer de cette circonstance difficile.

Le roi avait fait venir à l'Escurial les ministres et le gouverneur du conseil; là, en leur présence, il avait reproché à Ferdinand la lettre que celui-ci avait écrite à Napoléon, et par laquelle il sollicitait l'intervention d'un prince étranger, au milieu de dissentions intérieures. Ferdinand, avec justice, s'était reconnu coupable.

Le jeune prince ignorait l'épouvantable accusation dont le favori l'avait flétri à la face de l'Europe; gardé à vue, dans son appartement, il n'avait aucune connaissance du fatal décret publié dans la gazette de Madrid. Le Prince de la Paix imagina de lui faire signer des lettres, par lesquelles il se reconnaissait coupable, selon son aveu; mais, le crime n'étant pas spécifié, le prince infortuné se trouva avoir avoué le forfait dont son ennemi l'avait accusé.

Tel fut le tissu de cette procédure machiavélique, à laquelle les annales anciennes et modernes n'avaient rien offert de comparable.

« prince dans l'interrogatoire qu'il a subi; elles sont « paraphées et signées de sa main, ainsi que les pa- « piers écrits aussi de sa main qui ont été saisis dans ses « bureaux.

« Cette décision sera communiquée à mes conseil- « lers et à mes tribunaux, et on la fera circuler parmi « mes peuples, afin qu'ils reconnaissent ma pitié et ma « justice, et pour soulager l'affliction où ils ont été « jetés par mon premier décret. Car ils y voyaient le « danger de leur souverain et de leur père qui les aime « comme ses propres enfans, et qui est pareillement « aimé d'eux.

« CHARLES.

» San Lorenzo, le 5 novembre 1807. »

Conformément à ce décret, les diverses personnes arrêtées furent renvoyées devant le conseil de Castille. Don Simon de Viegas, fiscal du conseil, suivit l'accusation au nom du Prince de la Paix. Le conseil déclara l'innocence des prévenus.

Nonobstant cet arrêt, plusieurs des accusés furent éloignés de Madrid, par mesure de sûreté. Le duc de l'Infantado et MM. Escoïquiz, Orgaz et Ayerbe furent exilés.

PREMIER MOUVEMENT D'ARANJUEZ. — CHUTE DU FAVORI.

Cependant, tandis que la seule partie disponible de l'armée espagnole coopérait, sous les ordres du général Junot, à l'invasion du Portugal, les troupes françaises, commandées par Joachim Murat, grand duc de Berg, s'avançaient lentement vers le centre de la Péninsule. Un voile impénétrable couvrait les desseins de Napoléon. Le peuple espagnol commençait à concevoir de vives inquiétudes. Le Prince de la Paix n'osait entrevoir l'abîme où il allait précipiter la famille du roi, son bienfaiteur; et le ministère, épouvanté de l'idée de résister au vainqueur de l'Europe, laissait, sans ordres et sans conseils, les capitaines généraux des provinces occupées par l'armée française, et semblait attendre plutôt que prévoir les événemens.

S'il faut en croire quelque acteurs de ce grand drame politique, le but de Napoléon était d'expulser lentement la famille royale d'Espagne de ses états d'Europe, et de la contraindre, comme la maison de Bragance, à aller chercher un asile dans l'Amérique. Il aurait, alors, donné un souverain de son choix à l'Espagne privée d'un chef; suivant sa maxime favorite, qu'un trône vacant appartient au premier qui a le courage d'y monter, maxime par laquelle il a d'ailleurs essayé d'établir sa légitimité sur le trône de France. Les Espagnols avaient pressenti les projets de Napoléon et craignaient le sort des Portugais : aussi toute proposition d'un voyage qui aurait rapproché les princes des ports de l'Océan, était-elle repoussée avec indignation.

Les événemens se développaient avec trop de lenteur au gré de la politique impatiente du chef de l'empire français. Pour accélérer leur marche, il fit déclarer verbalement à Charles IV, par le conseiller Isquierdo, (envoyé, à cet effet, de Paris à Aranjuez où se trouvait la cour du roi d'Espagne,) que l'intérêt de son empire exigeait l'incorporation à la France des provinces espagnoles situées sur la rive gauche de l'Ebre, et qu'il offrait, en échange, le Portugal que ses armées avaient conquis.

Cette déclaration, à laquelle le roi, frappé

de stupeur, ne répondit pas, dessilla les yeux du Prince de la Paix. Elle renversait toutes ses espérances sur le royaume des Algarves; il connut bientôt, par son agent Isquierdo, le but supposé des projets de Napoléon; et, dès lors, il faut l'avouer, voyant ses rêves d'ambition personnelle évanouis, il se montra fidèle sujet du monarque qui lui avait accordé une confiance si aveugle. Cette fidélité dura jusqu'au moment où, emprisonné à Aranjuez, il sentit se ranimer, à l'aspect de la catastrophe qui le menaçait, sa haine pour Ferdinand. Aussitôt que les desseins de l'empereur lui furent dévoilés, il fit proposer à Charles IV, par le prince de Castel-Franco, de se retirer à Séville; de former un camp à Talaveyra, et de placer ainsi une armée espagnole entre la résidence royale et les armées impériales. De là, il aurait fait demander aux généraux français une explication positive sur leurs intentions et leur conduite. La famille royale en sûreté, les armées espagnoles réunies, on pouvait résister, avec moins de chances défavorables, à la fortune de Napoléon, et, peut-être, arrêter ou modifier convenablement ses projets conquérans. Cette dernière espérance était d'autant plus fondée, que Charles IV, après la mission d'Isquierdo, avait écrit à son allié, pour lui renouveler la demande, faite par Ferdinand, de la main d'une princesse du sang impérial; en lui annonçant, qu'en raison d'une telle union, il abdiquerait en faveur de son fils : il semblait à tout le ministère du vieux roi, que ce mariage devait satisfaire l'ambition de l'empereur. La proposition du Prince de la Paix fut acceptée, et les troupes espagnoles de l'armée de Portugal reçurent l'ordre de se replier sur l'Andalousie.

Malheureusement, ce plan du favori, le seul qu'on pût raisonnablement concevoir dans les intérêts de la familllle royale, donna de l'ombrage au prince des Asturies. Ferdinand, habitué aux trahisons de Godoy, n'y vit qu'un dessein formé pour mieux servir Napoléon, en conduisant le roi et la famille royale à l'extrémité de l'Espagne, afin d'y faire décider, plus facilement l'émigration en Amérique. Il communiqua ses craintes à ses conseillers et à ses amis; elles arrivèrent jusqu'au peuple. Le voyage d'Andalousie paraissait préparer la fuite au-delà des mers; les troupes qui se trouvaient autour du roi, à Aranjuez, annoncèrent hautement qu'elles ne s'y prêteraient pas; les habitans de Madrid et d'Aranjuez effrayés de l'abandon politique où la patrie aurait été réduite, par le départ du souverain, et voyant un commencement d'émigration dans la retraite à Séville, déclarèrent qu'ils s'y opposeraient. Ainsi, l'amour des Espagnols ôtait, plus sûrement encore que la trahison, au monarque et à sa famille, les seuls moyens de salut qui fussent praticables.

Cependant, l'agitation s'étendait dans les provinces voisines de la résidence royale; les citoyens armés veillaient, sans mandat, pour empêcher le départ, dont les préparatifs se continuaient en silence. Pour appaiser les esprits, le roi publia une proclamation destinée à rassurer le peuple sur les desseins de Napoléon (desseins sur lesquels il n'était pas tranquille lui-même), et à annoncer que le rassemblement des troupes, autour de sa cour et en Castille, n'avait pas pour unique objet de protéger son voyage à Séville (on a vu qu'il voulait former un camp à Talaveyra). Cette proclamation calma, momentanément en apparence, les inquiétudes populaires.

Le Prince de la Paix engageait toujours, et avec raison, Charles IV à chercher un asile au milieu de ses troupes, et dans un pays d'une défense facile en cas d'attaque (la route de l'Andalousie est défendue par les défilés de la Sierra-Morena). Comme les troupes espagnoles, rassemblées à Aranjuez, avaient manifesté l'intention de ne pas protéger le voyage du roi, il fit venir de Madrid ses propres gardes, des bataillons de gardes wallones et divers régimens suisses, afin de former une escorte au souverain. Le départ était résolu, mais aucun jour n'avait encore été désigné pour commencer le voyage.

L'arrivée de ces troupes produisit quelque agitation; le bruit de la retraite du roi se répandit de nouveau : on y ajouta foi, malgré la proclamation royale de la veille. Les citoyens recommencèrent leurs patrouilles armées; cependant aucun cri séditieux ne troubla la tranquillité pendant le courant de la journée.

Tel était, le 17 mars, l'état des choses, à la fin du jour : le feu couvait sous la cendre, il ne fallait qu'un léger souffle pour le ranimer.

La nuit était commencée. Le peuple parcourait les rues avec anxiété : on surveillait le palais et les maisons des officiers de la couronne. Celle de Godoy était l'objet d'une attention plus particulière. Tout à coup, à minuit, une patrouille de citoyens armés, rencontre quelques gardes du Prince de la Paix, reconduisant, aux flambeaux, une dame voilée qui venait de passer la soirée avec le favori. Soit malice, soit défiance, la patrouille veut reconnaître la dame ; celle-ci refuse de lever son voile, elle demande protection à son escorte. Les gardes d'honneur font résistance, et, dans le tumulte, tirent en l'air deux coups de fusil.

A ce bruit que l'on prend pour le signal du départ, Aranjuez est en confusion. Les troupes prennent les armes : les unes, prêtes à la révolte, courent se placer sur les routes que peuvent prendre les princes ; les autres, fidèles à leur devoir, vont se ranger sur l'esplanade, devant le palais, où s'étaient rassemblés, autour du roi, les ministres et les capitaines des gardes.

Sur ces entrefaites, les habitans de la ville, et les paysans des environs, s'étaient portés à la maison du Prince de la Paix. Ils forcent, à main armée, la garde du favori, brisent les portes, se répandent dans les appartemens, cherchant à grands cris l'objet de leur haine. Celui-ci avait heureusement disparu. Alors après avoir livré aux flammes les meubles qu'ils considèrent comme souillés, par l'usage que Godoy en a fait, ils s'attroupent devant le palais du roi, en criant : « Point de Godoy, point de voyage, » et en témoignant néanmoins, au milieu de la plus grande effervescence, un profond respect pour le souverain.

Les conseils des ministres s'unissent dans le château, aux clameurs que pousse, en dehors, le peuple révolté. Ils demandent respectueusement au monarque le renvoi du Prince de la Paix. Le roi, avant de se décider à ce pénible sacrifice, fait venir le prince des Asturies, et le prie de paraître sur le balcon royal pour appaiser la sédition par ses discours. Ferdinand refuse, en prétextant, avec raison, que sa présence, au lieu de calmer le tumulte, contribuerait à l'augmenter.

Charles IV jette un regard sur les officiers de ses gardes, pour voir s'il y trouvera le dévouement dont il a besoin; leur morne silence et leur attitude embarrassée lui font assez comprendre qu'il ne doit rien attendre d'eux, dans la cisconstance présente; il se tait, paraît méditer un moment, donne à voix basse quelques ordres à un des officiers de sa maison (*), puis, sans faire aucun reproche à ceux qui l'entourent, il commande qu'on le conduise sur le balcon du palais.

Une foule immense et tumultueuse couvrait la place; lorsqu'elle aperçut les flambeaux briller aux fenêtres du palais, et qu'elle vit son vieux monarque debout sur le balcon, elle fit retentir l'air de vives acclamations. Le roi fit signe qu'il voulait parler; soudain, aux clameurs, succéda un silence respectueux. Alors Charles IV déclara qu'il venait de décharger le Prince de la Paix de la charge de généralissime de terre et de

(*) Ces ordres portaient qu'il fallait faire protéger, par un régiment dévoué, la route d'Andalousie. Charles IV pensait que son favori, dont on n'avait pas de nouvelles, avait dirigé sa fuite vers cette province.

mer, de la nomination à tous les emplois, du droit de faire la paix et la guerre, et qu'il venait de l'éloigner de sa personne, voulant veiller, par lui-même, au bonheur de son peuple. Des cris de joie interrompirent le monarque à ces paroles consolantes; les acclamations redoublèrent lorsque sa majesté annonça que le voyage projeté n'aurait pas lieu, et qu'elle voulait, ainsi que sa famille, vivre et mourir au milieu de ses sujets.

Ce discours calma la révolte comme par enchantement, et la foule satisfaite se dispersa en faisant retentir l'air de cris d'allégresse et de bénédiction.

La conduite du peuple et des soldats, pendant ce premier mouvement d'Aranjuez, est susceptible, à la fois, d'excuse et de blâme. La sédition était noble dans son but; mais, comme toute sédition, coupable dans ses moyens. Quelques ministres, hommes d'État, ont improuvé vivement, quoique ennemis personnels du Prince de la Paix, la violence morale exercée sur le souverain; mais l'Espagne dont le renvoi du favori combla les vœux, a, par son approbation unanime, absous la révolte qui en fut la cause.

Après la retraite des séditieux, la garde avait conservé ses rangs et ses armes, les ministres étaient demeurés assemblés dans le palais; mais aucun mouvement ne troubla la tranquillité, pendant le reste de la nuit. Aranjuez se montra calme encore pendant la journée du 18 et le commencement de la matinée du 19.

DEUXIÈME MOUVEMENT D'ARANJUEZ. — ABDICATION DE CHARLES IV.

On croyait la sédition appaisée. Les ministres, après être restés deux jours entiers auprès du roi, venaient de le quitter. Tout à coup vers neuf heures du matin, le tumulte recommence, les citoyens reprennent les armes et courent dans les rues en criant : *Godoy est retrouvé!* Ce nom ranime la fureur populaire; et les clameurs des révoltés retentissent jusque sous les voûtes du palais.

Le malheureux favori, au moment où la foule s'était ruée dans sa maison, avait abandonné son lit et s'était caché plein de frayeur dans un des greniers ; là, roulé dans une natte de sparterie, il avait échappé au fer des enragés, dont les hurlemens arrivaient jusqu'à lui. Il avait passé trente six heures dans cette terrible situation. Enfin le bruit ayant cessé, il s'était hasardé à sortir de sa retraite ; mais, reconnu presque aussitôt, il venait d'être blessé à la tête, malgré le secours de quelques soldats qui l'avaient entouré, pour le conduire en lieu de sûreté. Sa vie était en danger ; la foule, toujours croissante, empêchait les soldats d'avancer ; et les plus furieux, parmi le peuple, parlaient déjà d'égorger et le favori et les soldats qui le protégeaient.

La reine prévenue du péril du Prince de la Paix, courut aussitôt chez son fils, et le supplia d'arracher l'infortuné Godoy au sort terrible que lui réservait une populace effrénée. Ferdinand accéda aux desirs de sa mère : il consentit à sauver les jours de celui qui avait voulu le faire périr sur l'échafaud. Il sortit du château, se fit jour à travers le peuple que ses exhortations appaisèrent peu à peu, parvint à arracher le favori aux mains de ceux qui le maltraitaient, et, le plaçant sous la protection des gardes du corps, il lui dit ces mots : « Godoy, je te donne la vie. » Le malheureux blessé, sans répondre, saisit avec vivacité la main du prince et la baisa avec transport.

Aussitôt que Godoy fut entré dans le quartier des gardes du corps où sa vie était en sûreté, la foule, après avoir fait retentir l'air d'acclamations en l'honneur de ses souverains, se dispersa entièrement. A midi l'ordre était rétabli dans toute la ville.

Sur les deux heures, et d'après les instances de la reine, le prince des Asturies rendit visite au favori dans sa prison, et lui réitéra l'assurance qu'il lui serait fait grâce de la vie. Depuis le procès de l'Escurial, Godoy était en effet sous le poids d'une accusation capitale.

Le même jour, vers les quatre heures du soir, alors que la tranquillité rétablie continuait à régner dans Aranjuez, le roi Charles IV fit venir don Pedro Cevallos, son secrétaire d'état (*), et, s'enfermant avec

(*) D. Pedro Cevallos, dont l'habileté et les talens sont connus dans toute l'Europe, était allié à la famille du Prince de la Paix.

lui dans son cabinet, il lui rappela ce qu'il avait déjà dit plusieurs fois les années précédentes, soit à lui, soit à d'autres personnages, que sa santé lui rendait trop pénibles les fatigues de la royauté et qu'il avait besoin de repos : il lui déclara ensuite que ne pouvant plus se décharger du fardeau du gouvernement sur un sujet de son choix (*), il avait formé le dessein de renoncer à la couronne en faveur de son légitime héritier le prince des Asturies. Don Pedro Cevallos reçut, en outre, du vieux monarque, l'ordre de rédiger, suivant les formes usitées, l'acte d'abdication, et de le lui apporter ensuite à signer.

Cet acte fut ainsi conçu :

« Les infirmités qui m'accablent, depuis si long-
« temps, ne me permettent plus de supporter le far-
« deau du gouvernement de mes peuples, et j'ai be-

(*) Le roi faisait sans doute allusion à don Manuel Godoy, en faveur de qui (ainsi que le représenta judicieusement M. Escoïquiz à Napoléon) il avait abdiqué son autorité, sinon de droit, du moins de fait. La cession de la couronne à Ferdinand ne faisait que transmettre le pouvoir à celui qui en était légitime héritier.

« soin de jouir de la tranquillité de la vie privée, « dans un climat plus doux, pour réparer ma santé « affaiblie. Ainsi j'ai résolu, après une mûre délibé- « ration, d'abdiquer ma couronne en faveur de mon « héritier et bien-aimé fils, le prince des Asturies.

« Ma royale volonté est donc qu'il soit reconnu « comme roi et seigneur dans tous mes Etats; et, afin « que ce décret de mon abdication libre et spontanée « reçoive sa pleine exécution, vous le communiquerez « au suprême conseil et aux autres autorités auxquelles « il appartiendra.

« Aranjuez, le 19 mars 1808.

« MOI, LE ROI. »

A Don Pedro Cevallos,
Ministre secrétaire-d'état.

Le soir même, en présence de toute la famille royale, et des principaux personnages de la cour, le roi fit part, à son fils, de la résolution qu'il venait de prendre (*). Il se tourna ensuite vers le nonce du pape, mon-

---

(*) Déjà, en 1789, les cortès assemblées avaient prêté serment à Ferdinand, comme successeur reconnu de son père. C'est à cause de cette reconnaissance qu'il avait le titre de *Principe jurado de Asturias, prince juré des Asturies.* Ce mot espagnol *jurado* a bien plus d'expression que le mot français *reconnu*, parce qu'il renferme l'idée du serment.

seigneur Gravina, et le baron de Strogonoff, ministre de Russie (*), et leur dit qu'il n'avait jamais rien fait avec plus de plaisir : pour le prouver, il ajouta que le bonheur qu'il goûtait, en cette circonstance, semblait lui avoir rendu la faculté de signer de sa propre main; faculté dont il était privé depuis long-temps par des douleurs rhumatismales. Enfin, dans un entretien particulier, il témoigna, avec une égale vivacité, les mêmes sentimens à l'infant don Antonio, son frère.

Le jour suivant, 20 mars, Charles IV donna avis de sa renonciation à l'empereur Napoléon, motivant cet acte sur l'accroissement de ses infirmités qui ne lui permettaient pas de conserver le fardeau du gouvernement, et le rassurant au sujet de la politique de la nouvelle cour, attendu que Ferdinand VII avait, pour la France, les mêmes sentimens que son père.

La joie fut universelle à Aranjuez et à Madrid, à l'avénement du prince des Asturies au trône d'Espagne. Le nouveau roi fut

---

(*) Célèbre aujourd'hui par le généreux intérêt qu'il a montré pour les chrétiens grecs.

proclamé le 20 dans la capitale; les conseils, les tribunaux, les députés des provinces, tous les corps constitués s'empressèrent de le reconnaître et de lui prêter serment. L'avis de son avénement fut aussitôt envoyé par *quatriplicata* dans les royaumes d'Amérique.

Le grand duc de Berg, général en chef des troupes françaises, attendait, à Aranda de Duero, de nouvelles instructions de Napoléon. Le 17, il apprit les premiers événemens d'Aranjuez; aussitôt, et sans attendre davantage, il se mit en marche sur Madrid, où il entra, le 23, à la tête de ses troupes. L'attention publique, exclusivement occupée du roi qui était attendu pour le lendemain, ne se laissa pas distraire, par cet événement, de son but favori. L'entrée des Français, cette entrée qui devait être si importante pour le sort de la monarchie espagnole, causa peu de sensation parmi les habitans de Madrid.

Commencement du règne de Ferdinand VII. — Voyage de Bayonne.

Le jour de l'entrée de Ferdinand VII dans

Madrid, fut un jour de fête pour toute la ville. L'enthousiasme était général, les Espagnols concevaient les plus brillantes espérances du gouvernement du jeune souverain; il n'avait pas beaucoup à faire pour donner au peuple une administration meilleure que celle du Prince de la Paix. Aussi, les premiers actes de son pouvoir furent-ils de nature à satisfaire les besoins les plus pressés de la multitude.

Il commença, à son avénement au trône, par donner un grand exemple de reconnaissance. Les conseillers qui, pendant l'adversité, lui avaient été fidèles, furent appelés au maniement des affaires, tandis que, oubliant, comme roi, ce qu'il avait souffert comme prince, il conservait, dans leurs emplois les véritables hommes d'état placés par le favori : il accorda un généreux pardon à tous ses ennemis personnels; mais Godoy, ses parens et ceux qui avaient profité du pouvoir, pour détourner les deniers de l'état à leur profit et pour vexer le peuple espagnol, furent envoyés devant les tribunaux pour rendre compte de leur administration.

Alors, pour la première fois, le ministère

espagnol eut connaissance, par les papiers saisis chez le Prince de la Paix, du traité secret de Fontainebleau. Il commença à pressentir les desseins ambitieux de Napoléon; mais il était trop tard.

L'inquiétude causée par cette découverte, fut encore augmentée par la conduite du chef des troupes françaises, dont la contenance silencieuse contrastait singulièrement avec l'exaltation bruyante des habitans de Madrid.

Le grand duc de Berg s'était dispensé d'aller rendre visite au nouveau roi, afin d'éviter les embarras d'une reconnaissance qui pouvait déplaire à l'empereur. Il n'ignorait pas les négociations de Napoléon et du Prince de la Paix, et il était, sans doute, dans la confidence de ce qui avait été projeté contre l'Espagne. L'abdication de Charles IV et l'avénement de Ferdinand VII, renversait tous les plans conçus. Murat, que l'ambassadeur français dirigeait dans ses démarches et qui montra, dans cette circonstance, une prudence cauteleuse, étrangère à son caractère violent, comprit qu'il fallait détruire l'effet de l'acte solennel et spontané par lequel le vieux roi, devançant l'ordre de la nature, cédait la couronne à son légitime héritier. En conséquence, et dès le jour même de l'entrée des Français dans Madrid, le général Monthyon fut envoyé à Aranjuez, où Charles IV habitait encore avec la reine. On attaqua les deux époux par leur côté faible; on leur promit, au nom de l'empereur, la liberté du Prince de la Paix: en échange de cette promesse, Charles IV remit, à l'envoyé français, une protestation contre son abdication (*).

Le duc de Berg, maître de cette pièce importante, se garda bien de la faire connaître tout de suite. Les événemens d'Aranjuez étaient trop récens pour être facilement dénaturés. Les témoins de ce grand drame politique étaient encore tous réunis, et Charles IV n'aurait pas voulu, sans doute, démentir hautement devant eux la libre dé-

(*) Cet acte reçut, à dessein, une date antérieure à l'arrivée du général Monthyon, celle du 21 mars; mais plusieurs preuves irrécusables ont démontré, depuis sa publication, qu'il ne pouvait avoir été écrit et signé que le 23, à l'instigation du prince Murat.

marche qu'il avait faite, quatre jours auparavant. Outre ces motifs, une autre, et très forte raison, commandait le silence au général français, c'était la captivité du Prince de la Paix, gardé dans le château de Villa-Viciosa, par des officiers dévoués à Ferdinand VII : un éclat intempestif aurait pu rendre sa délivrance impossible. La protestation fut donc envoyée à Bayonne, où elle resta secrète jusqu'au moment où la résistance opiniâtre du jeune roi obligea Napoléon à mettre de côté toute pudeur et tout ménagement. Murat, afin de ne pas troubler la sécurité de Ferdinand, continua à communiquer avec lui, par le moyen de tierces personnes, évitant ainsi de le reconnaître formellement pour roi d'Espagne.

Cependant, les événemens devenaient de plus en plus graves ; les intrigues se compliquaient. Les habitans lassés des hôtes armés qui avaient envahi leur territoire et surpris leurs citadelles, ne cachaient plus leur mécontentement : l'inquiétude générale s'accroissait encore par l'imprudence de plusieurs employés des administrations françaises, qui, dans leurs discours, laissaient percer quelque chose des projets menaçans de Napoléon : enfin, la conduite des officiers de l'état-major du grand duc de Berg, qui, traitant comme prince celui que les Espagnols reconnaissaient tous pour roi, s'obstinaient à regarder, comme seul souverain, le prince que son abdication volontaire avait fait descendre du trône ; cette conduite, dis-je, augmentait, par son inconvenance, la défiance de la nation espagnole.

Les ministres de Ferdinand étaient convaincus que le sort de la monarchie dépendait entièrement de Napoléon, toute résistance à ses volontés eût été plus dangereuse qu'utile. Le roi libre, en apparence, dans sa capitale, se trouvait au pouvoir du duc de Berg ; car vingt-cinq mille hommes de l'armée impériale occupaient Madrid et ses environs, tandis que l'artillerie française garnissait les deux hauteurs qui dominent la ville (*). Ferdinand faisait, en vain, demander à Murat des explications positives. Celui-ci évitait de répondre. Il cherchait à occuper l'attention des ministres et à détourner

(*) Le *Retiro* et la butte de la *Casa del Campo*.

les soupçons du peuple, tantôt par la demande solennelle de l'épée de François Ier, qui était conservée dans l'arsenal de Madrid, en mémoire de la bataille de Pavie (Ferdinand accéda à cette demande), tantôt par la nouvelle d'un prochain voyage de l'empereur Napoléon à Madrid. Son maître venait, disait-il, dans la capitale des Espagnes, conduit par son amitié pour le jeune prince, afin de l'aider de ses conseils pour la réforme des abus et pour la réédification de la monarchie espagnole.

Bientôt le bruit de ce voyage prit plus de consistance. Quelques équipages arrivèrent à Madrid : Murat annonça qu'ils précédaient l'Empereur. Aussitôt, la ville de Madrid fit meubler un palais somptueux pour le recevoir suivant son rang. Des fêtes furent préparées pour célébrer son arrivée; et cependant, Napoléon n'arrivait point; on ne recevait même aucune nouvelle de son approche. Néanmoins, le langage des agens français en imposa tellement aux ministres de Ferdinand, que le roi se décida à envoyer son propre fils, l'infant don Carlos, au-devant de sa majesté impériale.

Don Carlos s'avança jusqu'à Tolosa en Biscaye, où il s'arrêta, étonné de ne pas avoir encore entendu parler du prince qu'il venait féliciter. Cette circonstance aurait nui considérablement au succès de l'intrigue ourdie par les agens de Napoléon, sans l'arrivée subite (dans la journée du 7 avril) du général Savary, aide-de-camp de l'empereur.

Le général Savary se présenta sur-le-champ devant le roi; il annonça que l'empereur l'avait chargé de complimenter Ferdinand, et de s'assurer si les dispositions du nouveau cabinet, relativement à l'étroite alliance avec la France, étaient les mêmes que celles du règne précédent. Il donna l'assurance positive de la prochaine arrivée de son maître, et il ajouta que, du moment que Sa Majesté impériale serait convaincue que les vues du nouveau monarque étaient les mêmes que celles de son père, rien ne s'opposerait à ce qu'elle le reconnût comme roi d'Espagne et des Indes.

On voit qu'il n'était pas alors question de la protestation de Charles IV.

La réponse de Ferdinand au général Savary dut le satisfaire pleinement. Les promesses et les explications amicales de celui-ci tranquillisèrent les esprits et firent évanouir les soupçons, au moins à la cour. M. Savary n'avait point présenté de lettres de créance, mais qui aurait osé douter de la parole d'un général français parlant au nom de son souverain?

Cependant un jeune Espagnol arrivé avec le général Savary, M. Hervas, qui avait connaissance des projets de Napoléon, communiqua ses craintes à plusieurs des conseillers du roi, lorsque les agens français voulurent engager Ferdinand à aller au-devant de l'empereur. On discuta l'utilité de ce voyage dans le conseil des ministres; et, les paroles de M. Hervas ayant fait impression sur quelques esprits, les avis furent partagés.

Par un hasard singulier, ceux des ministres, qui s'opposèrent au départ funeste du roi, sont les mêmes qui depuis, embrassant la cause de Joseph Napoléon, restèrent fidèles à leur serment; et ceux qui décidèrent Ferdinand à entreprendre le voyage, cause de sa ruine, se trouvent être ceux qui se montrèrent depuis les plus dévoués à son infortune; se considérant, sans doute, comme obligés à une plus grande fidélité envers lui, à cause de l'abîme où ils l'avaient poussé par leurs avis.

Il ne faut cependant pas croire qu'ils le conseillèrent, dans cette circonstance, d'une manière qui a tourné à sa ruine, sans motifs suffisans et spécieux. Il y aurait de l'injustice à vouloir toujours juger les entreprises par les résultats ; car il y a bien loin, de la raison humaine qui prévoit, au pouvoir céleste qui dirige les événemens du monde. D'un côté les conseillers de Ferdinand pouvaient, sans être taxés d'imprudence, se défier des avertissemens de M. Hervas : l'amitié de ce jeune homme pour le général Savary et ses liaisons de famille avec le maréchal Duroc, signataire du traité de Fontainebleau, plaçaient les apparences contre lui ; il ne pouvait d'ailleurs fournir aucune preuve de la vérité de ses assertions graves. D'un autre côté, la conduite précédente de Napoléon offrait des actes également convaincans et pour le croire faux et perfide, et pour le croire magnanime et généreux. Il y avait de puissans motifs de penser qu'il se bornerait à assurer son influence prépondérante sur la cour d'Espagne en s'attachant le roi par les liens du sang.

Les protestations du général Savary l'emportèrent dans le conseil, et le voyage fut décidé. Cependant le monarque ne considéra point cette démarche comme étant sans danger, puisqu'avant de partir, il investit une junte, présidée par son frère l'infant don Antonio, du gouvernement de l'Espagne.

Le départ eut lieu le 10 avril. Le général Savary avait voulu accompagner le monarque; pour entretenir davantage sa confiance, il assurait que, d'après les nouvelles qu'il recevait de l'approche de l'empereur, le voyage ne se prolongerait pas au-delà de Burgos. Lorsque l'arrivée dans cette ville démontra la fausseté de ses assertions, loin de se décourager, il redoubla hardiment d'efforts et de promesses pour entraîner le roi jusqu'à Vittoria, où S. M. C. arriva le 14.

En approchant de la frontière, les dangers devenaient plus réels et les inquiétudes plus vives. Les craintes des personnes qui accompagnaient le souverain, gagnèrent le peuple de Vittoria. Le général Savary, sentant la difficulté de sa position et l'impossibilité d'amener Ferdinand, avec des paroles, à continuer son voyage, partit seul pour Bayonne, où l'empereur venait d'arriver. Le but apparent de ce départ était de porter à Napoléon une lettre du roi. Il revint trois jours après avec la réponse. Cette réponse était insignifiante et engageait seulement Ferdinand à s'avancer jusqu'à Bayonne.

Le roi hésitait encore : le sort qui l'attendait en France était pressenti par tous ceux qui l'entouraient. Un sujet fidèle, le directeur des douanes de la province d'Alava, lui proposait de venir l'enlever, à la tête de deux mille douaniers, tous gens déterminés, et de le conduire hors des lieux occupés par les Français, à Saragosse, où l'on pouvait arriver facilement en traversant les montagnes de Rioja. Le général Savary vit qu'il allait échouer dans la mission dont il s'était chargé. Le zèle et le dévouement, dont il avait déjà donné tant de preuves à l'empereur, allaient se trouver démentis par un seul événement : Napoléon ne reconnaissait dans ses serviteurs que les efforts justifiés par les succès ; M. Savary pensa qu'il fallait tout hasarder pour vaincre la répugnance de Ferdinand, et il alla jusqu'à lui dire : « Je me laisserai couper la tête, si un

« quart d'heure après l'arrivée de V. M. à « Bayonne, l'empereur ne vous a pas re- « connu pour roi d'Espagne et des Indes : « il commencera peut-être par vous donner « le titre d'altesse, mais bientôt après il « vous traitera de majesté, et dans trois jours « tout sera réglé. » Ferdinand se laissa persuader, continua son voyage malgré les habitans de Vittoria qui coupèrent les traits de sa voiture, et fit répondre au brave directeur des douanes qu'aucun sujet n'avait droit de se mêler des affaires d'état, et qu'il devait restreindre son zèle à l'obéissance aux ordres de la junte suprême qui gouvernait le royaume.

Deux jours après, le 20 avril, S. M. C. toujours accompagnée par le général Savary, entra sur le territoire français.

Événemens de Bayonne. — Cession du trône d'Espagne.

Ferdinand VII, arrivé en France, y fut suivi de Charles IV et de la reine son épouse, ainsi que de tous les princes du sang des Bourbons d'Espagne. Napoléon les fit venir successivement à mesure que les progrès de l'intrigue de Bayonne lui firent sentir le besoin de leur présence. La junte du gouvernement, établie à Madrid, essaya en vain de résister, par des représentations écrites ou verbales, à la logique militaire du grand duc de Berg.

Aussitôt après le départ de Charles IV, les infans furent obligés de quitter la capitale et de prendre la route de France, accompagnés des regrets du peuple et des craintes de leurs amis. Bientôt l'audace du prince Murat ne s'arrêta plus à des négociations menaçantes, il donna des ordres, supposa des instructions de Ferdinand VII, et, bon gré malgré, se fit remettre, par la junte, le Prince de la Paix, dont la présence à Bayonne devenait nécessaire à l'entier accomplissement des projets de Napoléon sur la couronne d'Espagne. La délivrance du favori fit plus d'effet sur le peuple Espagnol que l'enlèvement de son roi. On pouvait croire encore que Ferdinand n'était retenu à Bayonne que par sa propre volonté; mais l'élargissement de Godoy ne laissait plus de doute sur les manœuvres de Napoléon. Dès ce jour, la haine attachée à Godoy s'étendit jusqu'à l'empereur; la conduite du général en chef de l'armée française, lors de l'émeute populaire du 2 mai, augmenta les dispositions séditieuses de la multitude; le mécontentement se propagea peu à peu, fermenta long-temps en silence dans les classes inférieures, et enfin éclata d'une manière terrible, aussitôt que des chefs firent flotter aux yeux des Espagnols l'étendard de l'insurrection. Mais il ne faut pas anticiper sur les événemens.

Ferdinand VII, entra dans Bayonne le 20 avril 1808, à midi. Il était accompagné de l'infant don Carlos, de ses ministres, de ses conseillers et de trois grands d'Espagne qu'il avait envoyés, avec son frère, au devant de Napoléon.

Deux heures après son arrivée, l'empereur accourut, à cheval, dans la maison que le prince occupait. Ferdinand descendit, pour le recevoir, jusqu'à la porte de la rue; les deux monarques s'embrassèrent, et les premières paroles de Napoléon furent: *Prince, ceci n'est point un guet-apens.* Ironie cruelle, ou mensonge audacieux! Après une courte entrevue, l'empereur se retira. Ferdinand l'accompagna jusqu'à la porte où il était descendu pour le recevoir.

Le même jour, les deux souverains dînèrent ensemble, et se donnèrent, devant toute la cour, des marques non équivoques d'amitié.

Ferdinand, fut amené au palais de Napoléon, et reconduit au sien dans les voitures impériales.

A la nuit, S. A. le prince de Neufchatel se présenta, devant lui, pour demander le mot d'ordre de la place de Bayonne. Après quelques cérémonies, le roi accepta cet honneur militaire.

Dans la conversation, l'empereur avait toujours donné, à Ferdinand, le titre de prince; celui-ci, prévenu à Vittoria par le général Savary, n'en avait conçu aucun ombrage. Jusqu'à ce jour, la parole seule d'un officier français valait tous les sermens.

Le lendemain, 21, le général Savary se présenta devant S. M. C. Il est difficile de peindre la surprise et l'émotion de l'infortuné monarque, lorsqu'il entendit ce même général, qui lui avait répondu, sur sa tête, du succès de la négociation et de l'heureuse issue du voyage, lui proposer hardiment, au nom de l'empereur, l'échange du trône d'Espagne et des Indes, contre un apanage en pays étranger.

Ferdinand, indigné, repoussa, sans balancer, cette humiliante proposition : les conseillers don Pedro Cevallos, et don Juan de Escoïquiz entamèrent aussitôt, d'après son ordre, une négociation dans le but de démontrer, au ministère français, que l'échange demandé par le général Savary, était aussi contraire à la véritable gloire de l'empereur, qu'à la justice des nations.

Le 22 mars, M. de Champagny, ministre des relations extérieures, répondit aux représentations des deux conseillers de S. M. C. par de nouvelles propositions : après avoir déclaré que les intérêts nationaux de l'Espagne exigeaient le sacrifice de la dynastie des Bourbons, il offrait, en retour de la renonciation de Ferdinand, à tous ses droits, tant en son nom, qu'au nom des autres princes de sa famille, le petit royaume d'Étrurie. Il ajoutait, que l'intégrité du territoire espagnol serait garantie par le traité de cession, et qu'un frère de l'empereur serait placé sur le trône d'Espagne ; que, si Ferdinand acceptait la proposition et desirait épouser une princesse de la famille impériale, S. M. I. et R. ordonnerait la célébration du mariage, aussitôt que le traité serait signé ; mais que, dans le cas où Ferdinand refuserait ces offres, il perdrait le royaume d'Espagne , sans obtenir aucune compensation.

Le roi, après avoir pris l'avis de son conseil, répondit négativement aux nouvelles propositions. Quelques jours s'écoulèrent : Napoléon, lui-même, voulut engager les conseillers de Ferdinand à persuader au jeune monarque d'accéder à ce qu'il proposait. Aucun raisonnement, aucune promesse ne purent ébranler leur fidélité ; ils essayèrent à leur tour, mais sans plus de succès, d'amener l'empereur à l'abandon de ses projets ambitieux : ils lui montrèrent, en vain, la nation espagnole tout entière en armes pour s'y opposer. Napoléon n'était point un prince que la résistance pût faire reculer.

Le 28 mars Ferdinand annonça, par une lettre adressée à M. Champagny, qu'il voulait retourner en Espagne où il pourrait écouter et peser, plus convenablement qu'à Bayonne, les propositions impériales. Sa lettre resta sans réponse, et n'eut d'autre effet que de faire entourer d'espions le palais qu'il habitait. Deux courriers qu'il envoya à Madrid furent arrêtés, et, lorsqu'il s'en plaignit, les ministres de Napoléon, oubliant les tentatives faites récemment pour engager le jeune roi à renoncer à sa couronne, répondirent que leur maître ne reconnaissait pas d'autre souverain en Espagne, que Charles IV; que les ministres de Ferdinand n'avaient donc pas le droit de délivrer des passeports à des individus espagnols; et qu'au reste, les dépêches pouvaient être envoyées par la voie sûre et prompte de l'estafette française: dès ce jour la captivité du roi n'était plus douteuse. Cependant, malgré la gêne étroite où on le tenait, il trouva moyen de faire parvenir à la junte de Madrid, avec la nouvelle de ce qui se passait, l'ordre de gouverner pendant son absence, de commencer les hostilités au moment où il serait entraîné dans l'intérieur de la France, et de convoquer les cortès pour aviser aux moyens de sauver l'Espagne. Ces ordres ne purent pas être mis à exécution, parce qu'ils n'arrivèrent dans la capitale qu'après d'autres ordres contradictoires, d'une date postérieure, signés et envoyés par Ferdinand VII, à la suite de la renonciation de Bayonne.

Cependant, l'empereur étonné de la résistance inattendue de son jeune prisonnier, se décida à faire usage de la protestation écrite à Aranjuez et remise au général Monthyon, par le vieux roi Charles IV.

Cette protestation, dont il a été parlé plus haut, fut alors connue pour la première fois, elle était ainsi conçue :

« Je proteste et je déclare que mon décret du 19 mars, « par lequel j'abdique la couronne en faveur de mon « fils, est un acte auquel j'ai été forcé pour prévenir « de plus grands malheurs et l'effusion du sang de « mes sujets bien aimés ; il doit en conséquence être « regardé comme de nulle valeur.

« MOI, LE ROI. »

« Aranjuez, le 21 mars 1808 (*).

(*) *Voyez*, page LVI, les réflexions sur cette date et sur les motifs qui engagèrent Charles IV à signer une pareille protestation.

Des instructions avaient été envoyées à Madrid : on vit donc arriver en France Charles IV et la reine son épouse. Ils venaient concourir aux desseins de Napoléon, et déshériter leur fils. Le Prince de la Paix arriva immédiatement après eux et reprit, sur le champ, son rang et son influence. Le favori appartenait alors à l'empereur, par l'intérêt, et par la reconnaissance. Il lui devait la liberté et, sans doute, la vie. Napoléon comptait que l'empire de Godoy sur les deux époux, serait employé à faciliter et à assurer le succès de ses prétentions injustes et ambitieuses : il ne fut pas trompé dans ses espérances.

Arrivé à Bayonne, le premier acte de Charles IV, après un entretien secret avec l'empereur, fut de faire venir son fils seul, dans son palais. Là, en présence de la reine et de Napoléon, il lui signifia que, si le jour suivant (6 mai), à six heures du matin, il ne lui avait pas rendu la couronne, lui, son frère et sa suite seraient, dès ce moment, traités comme émigrés.

Ferdinand obéit : sa résistance eût été inutile. Il signa, le 6 mai, son abdication, après avoir déjà prévenu, par écrit, Napoléon, le 5 au soir, de ce qu'il avait résolu de faire le lendemain.

C'est aussi le 5, que le traité par lequel Charles IV cédait à l'empereur Napoléon la couronne d'Espagne et des Indes, fut rédigé et signé. Le maréchal Duroc représenta l'empereur, le Prince de la Paix signa, avec les pouvoirs de Charles IV. Ce dernier n'attendit pas, pour apposer sa signature, que le vieux roi son maître, fût rentré dans tous ses droits, par la renonciation de Ferdinand VII (*).

Pendant que ces événemens s'accomplissaient, le 6 mai, on reçut, à Bayonne, la nouvelle de l'insurrection qui avait éclaté à Madrid le 2 mai. Le grand duc de Berg, dans son rapport, exagérait, on ignore par quels motifs, la gravité des faits et le nombre des victimes. Napoléon, allarmé et furieux, se rend, aussitôt, auprès de Charles IV: soudain, le prince des Asturies est mandé pour la seconde fois: il arrive, il attend,

---

(*) *Voyez* ce traité, dans les *Pièces justificatives*, N° Ier.

pendant une heure, qu'il plaise à son père de le recevoir, enfin il est introduit. L'empereur et ses parens sont assis, lui seul reste debout. Là, il s'entend reprocher, avec amertume et avec violence, d'être la cause de tous les malheurs qui sont arrivés : il veut se défendre ; la reine, sa mère, lui ferme la bouche, et le roi lui ordonne de faire, sur le champ, une renonciation absolue à la couronne, sous peine d'être puni avec toute sa maison, comme usurpateur du trône et conspirateur contre la vie de ses parens.

Ferdinand se résigna, il abandonna sur l'ordre de son père, les droits qu'il avait reçus de lui. L'infant don Carlos, son frère, et l'infant don Antonio, son oncle, imitèrent son exemple, ils renoncèrent à leurs droits naturels, déterminés à ce sacrifice par l'espérance que l'Espagne trouverait, sous une autre dynastie, le bonheur, qu'il n'était plus au pouvoir de la famille de Charles IV de lui donner.

Napoléon voulut avoir un acte revêtu de la signature des princes, ou de celle de leur fondé de pouvoir ; le conseiller Escoïquiz adhéra, par un traité, signé le 10 mai (*), au traité conclu le 5 par le maréchal Duroc, et par le Prince de la Paix.

Charles IV écrivit au conseil de Castille, et à celui de l'inquisition, pour leur faire part des actes de cession, et pour leur donner ordre de reconnaître le nouveau souverain qu'il plairait à l'empereur des Français de donner à l'Espagne.

Le prince des Asturies et les infants joignirent leurs exhortations aux ordres du roi; afin de prouver leur sincérité dans l'abandon qu'ils venaient de faire de leurs droits, ils adressèrent, de Bordeaux, une proclamation au peuple espagnol, pour l'engager à suivre leur exemple et à se soumettre, sans résistance, à la loi de la nécessité.

Cependant, à la nouvelle des événemens de Bayonne, des séditions éclatèrent dans plusieurs villes de l'Espagne : le peuple se révolta malgré les autorités qui cherchaient à exécuter les derniers ordres de Charles IV, en publiant et en faisant reconnaître l'acte

---

(*) Voyez, *Pièces justificatives*, N° II.

de cession. Napoléon s'inquiéta peu de ces soulèvemens populaires, à la tête desquels on ne remarquait encore aucun homme d'un nom connu. Il était en possession des citadelles importantes, et la valeur de son armée semblait devoir lui assurer, pour l'avenir, l'obéissance de l'Espagne.

Aussitôt qu'il s'était vu maître de disposer de la couronne d'Espagne, il avait convoqué, à Bayonne, une junte nationale. Cette junte, régulièrement assemblée, devait se composer de grands d'Espagne, des députés des conseils nationaux, et de presque tout ce que l'Espagne comptait d'hommes éminens dans les ordres ecclésiastiques, militaires et administratifs. Il avait annoncé que son intention était de placer un de ses frères sur le trône d'Espagne. C'est pourquoi, voulant donner au nouveau souverain l'appui de la volonté nationale, et consacrer le résultat des événemens de Bayonne par une sorte d'élection libre, il engagea le conseil de Castille, la junte de gouvernement établie à Madrid, les conseils municipaux des principales villes, et l'assemblée de Bayonne, à choisir un roi parmi les princes de sa famille. Il ne leur cacha pas qu'il verrait, avec plaisir, l'élévation de son frère Joseph au trône d'Espagne; mais il les laissa maîtres de choisir. Aucun autre ne pouvait mieux convenir que ce prince, aux besoins de l'Espagne : on connaissait sa douceur, ses vertus et ses intentions honorables; son administration, dans les états de Naples, faisait concevoir de favorables espérances; il fut solennellement demandé à l'empereur par des adresses des corps de l'état et des villes espagnoles.

Joseph proclamé Roi. — Son entrée en Espagne.

Le 6 juin 1808, un décret impérial proclama roi des Espagnes et des Indes, Joseph Napoléon, alors roi de Naples et de Sicile.

Joseph arriva le lendemain. Invité par l'empereur, son frère, à se rendre à Bayonne, il avait quitté Naples, et était accouru en poste. Le décret de la veille lui fut communiqué. Il accepta le trône qu'on lui offrait, après avoir lu, dans l'acte, cette phrase de Napoléon : « Nous garantissons au roi des « Espagnes *l'indépendance* et *l'intégrité* de

« ses états soit d'Europe, soit d'Asie, soit « d'Afrique, soit d'Amérique ; » et, après avoir déclaré qu'il ne consentait à régner sur l'Espagne, que dans l'espérance qu'il aurait le pouvoir de faire le bonheur de ses nouveaux sujets.

Aussitôt que la nouvelle de l'arrivée du roi Joseh fut répandue dans la ville, les grands d'Espagne, et les Espagnols de toutes les classes, réunis à Bayonne, s'empressèrent d'aller présenter leur hommage à S. M. La noblesse de ses manières, son affabilité, ses paroles gracieuses parurent lui avoir conquis tous les cœurs.

Une députation de la grandesse lui fut présentée. On comptait alors parmi les Grands réunis à Bayonne les hommes les plus illustres de l'Espagne par leur nom, leur naissance et leur fortune, MM. le prince de Castel-Franco, les ducs de l'Infantado, Frias, Parque, Hijar et Ossuna ; les marquis d'Harizas et de Santa-Cruz, et les comtes de Fernan Nuñez, Orgaz, et Santa-Colona. Dans le discours de félicitation qui fut adressé au nom de tous par le duc de l'Infantado, on

remarqua le passage suivant : « Les Espa-
« gnols attendent leur bonheur du règne de
« V. M. On desire ardemment votre présence
« en Espagne pour fixer les idées, concilier
« tous les intérêts, et rétablir l'ordre si né-
« cessaire pour la régénération de la patrie.
« Sire, les Grands d'Espagne se sont tou-
« jours distingués par leur fidélité envers leur
« souverain : Votre Majesté l'éprouvera ainsi
« que notre affection personnelle. »

L'adresse de l'armée présentée par le duc del Parque, celles du conseil d'état, du conseil de Castille et du conseil de l'inquisition ne renfermaient pas de moindres protestations de dévouement et de fidélité.

C'était peu que de témoigner ainsi publiquement leur satisfaction, ces Espagnols, les premiers de la nation, qui, quelques mois après, abandonnèrent le parti qu'ils avaient si solennellement embrassé, consignaient encore dans leur correspondance l'expression de leur dévouement : on lit dans une lettre confidentielle d'un des anciens ministres de Ferdinand, de celui qui défendit avec le plus de ténacité les intérêts légitimes de son maître contre les prétentions usurpatrices de Napoléon (*), ces lignes qui sont, sans aucun doute, l'expression libre et volontaire des sentimens de l'écrivain : « J'ai eu « l'honneur d'être présenté au roi qui est « arrivé hier de Naples, et je crois que sa « seule présence, sa bonté et la noblesse de « son cœur *qu'on découvre à la première* « *vue*, suffiront pour pacifier les provinces « sans avoir recours aux armées. »

Dans la ferveur de leur naissant amour pour Joseph, tous les Espagnols qui attendaient à Bayonne l'ouverture des travaux de l'assemblée nationale, voulurent mettre le temps à profit et donner spontanément une marque éclatante de leur zèle pour le nouveau souverain. Ils composèrent et publièrent une proclamation à leurs compatriotes, pour les exhorter à se soumettre tranquillement à la dynastie nouvelle. Afin de mieux lever tous les obstacles, les plus habiles s'étaient chargés de développer, avec

(*) Don Pedro Cevallos, celui qui a fait connaître le premier, dans un Exposé publié en 1808, les moyens employés par l'empereur Napoléon pour enlever la couronne d'Espagne à Ferdinand VII.

chaleur et avec logique, les avantages que présentait pour le bonheur de l'Espagne, le changement opéré dans le gouvernement. (*)

Enfin l'assemblée ouvrit sa session le 15 juin. Elle était présidée par M. Azanza, ex-ministre du roi Ferdinand VII : une adresse respectueuse au roi Joseph Napoléon fut son premier acte public. Elle s'occupa ensuite de l'examen de la constitution. Cette constitution, également éloignée de l'anarchie populaire et du despotisme ministériel, consacrait les droits d'une liberté raisonnable. Destiné à remplacer l'édifice antique et irrégulier des pactes constitutifs des royaumes de la Péninsule, ce nouveau pacte national confirmait et conservait leurs dispositions utiles. On vit régner dans l'assemblée la liberté la plus entière pendant la délibération des articles. Le général des cordeliers attaqua la suppression des ordres religieux ; un con-

(*) Dans le même temps, la junte de Séville, après avoir déclaré, le 6 juin, la guerre à Napoléon, publiait une *instruction pour apprendre aux citoyens à résister aux armées françaises*. (Voyez, *Pièces justificatives*, N° III.)

seiller d'inquisition demanda que le tribunal de la foi ne fût pas détruit, mais qu'il fût seulement astreint à suivre les formes publiques des tribunaux ecclésiastiques épiscopaux ; l'assemblée considérant que ces mesures étaient du ressort de la législation, les ajourna, déclarant qu'elles ne pouvaient faire partie de l'acte constitutif. La question des majorats et la quotité de leur revenu furent l'objet d'une vive discussion à laquelle prirent part le duc de l'Infantado, le duc d'Ossuna, le marquis de Santa-Cruz et d'autres Grands d'Espagne. Il fut résolu, conformément à la proposition du duc de l'Infantado, que les revenus d'un majorat pourraient s'élever à 20,000 piastres fortes (100,000 francs.)

Enfin après une délibération qui avait duré douze jours, la constitution, modifiée dans quelques articles, fut entièrement terminée. (*)

Le 7 juillet, Joseph prêta le serment de la maintenir, et aussitôt les quatre-vingt-onze membres composant l'assemblée lui

---

(*) Voyez, *Pièces justificatives*, N° IV.

jurèrent fidélité. Deux jours après, le 9, S. M. C. se mit en route pour ses états.

Déjà, à Bayonne, le ministère et la maison du nouveau souverain avaient été formés des anciens ministres de Charles IV, de Ferdinand VII et des grands officiers de la maison de Charles IV. Tous avaient brigué cet honneur avec empressement, tous avaient promis fidélité au frère de Napoléon.

Dès le 24 juin, le marquis de la Romana avait envoyé à S. M. l'acte de prestation de serment par tout son corps d'armée, depuis le général en chef jusqu'au dernier soldat.

Le premier acte de souveraineté, exercé par Joseph, à son entrée sur le territoire espagnol, fut un acte de clémence; il pardonna aux habitans de Saint-Ander qui venaient de se révolter contre les troupes françaises et qui étaient en conséquence menacés d'une exécution militaire.

Il recueillit, pendant son voyage à Madrid, autant de témoignages d'attachement qu'il en avait reçus pendant son séjour à Bayonne. Toutes les villes qui se trouvaient sur son passage, toutes celles qui avoisinoient la route, s'empressèrent de lui prêter serment de fidélité par l'organe de leurs députations.

Un régiment espagnol, le régiment d'Afrique, poussa l'enthousiasme jusqu'à vouloir dételer les chevaux de sa voiture; Joseph s'y refusa, mais il ne put empêcher ces soldats de le suivre pendant trois lieues en l'accompagnant de leurs acclamations.

S. M. arriva à Madrid le 20 juillet, et y fit son entrée au milieu des *vivat* de la multitude. Le spectacle des combats de taureaux, donné gratis à la populace, des secours pécuniaires répandus parmi les classes pauvres, le paiement des pensions échues, firent en peu de jours bénir, dans toute la ville, le nom de Joseph Napoléon.

Aussitôt après son arrivée, il fut proclamé roi des Espagnes, suivant le cérémonial usité en pareille circonstance, et reçut les sermens de tous les corps de l'État. Seul le conseil de Castille, qui avait été le premier à demander Joseph pour souverain, semblait, en tardant à lui présenter l'hommage de son dévouement, vouloir être le dernier à le reconnaître comme roi.

Déjà, cette reconnaissance avait été faite

par toutes les puissances de l'Europe, l'Angleterre exceptée : leurs ambassadeurs, auprès de Joseph, étaient en route pour Madrid, ou même déjà arrivés dans cette capitale.

Toute la noblesse qui n'était pas à Bayonne, les Grands d'Espagne, les comtes, les vicomtes, les barons, les chevaliers des ordres militaires, prêtèrent, sans hésiter, le serment demandé, et le conseil de Castille tardait toujours à donner cette dernière marque de soumission. On connut bientôt la cause de ce retard : le président du conseil savait qu'il s'opérait un mouvement militaire dans l'Andalousie, et il voulait en attendre le résultat pour se décider. Le résultat, défavorable aux Français, fut la capitulation de Baylen.

Dès que cette nouvelle parvint à Madrid, les témoignages de dévouement s'arrêtèrent; la plupart des grands seigneurs qui s'étaient empressés de donner des gages d'attachement à un roi qu'ils croyaient alors devoir régner à jamais sur l'Espagne, quittèrent sa cour sur-le-champ, et sans prendre congé de lui. Ils crurent voir, dans l'avantage remporté par le général Castaños, le renversement de la puissance de Napoléon, et ils ne voulurent pas soutenir un pouvoir qui leur paraissait chanceler.

Néanmoins, lorsqu'à la suite de cet événement, Joseph se retira sur Vittoria, il fut encore suivi par un certain nombre d'Espagnols, connus par leurs talens et par leur naissance, qui ne pensèrent point qu'un serment pût être rompu sans félonie, lorsqu'il avait été prêté sans contrainte.

La retraite du roi à Vittoria fut suivie de l'entrée, dans la Péninsule, de la grande armée, commandée par Napoléon en personne. Il n'entre pas dans mon plan de présenter ici le récit des victoires qui affermirent, pour quelques années, le trône de Joseph Ier, non plus que celui des événemens qui amenèrent l'évacuation de l'Espagne par les Français, et la rentrée de Ferdinand VII dans le royaume paternel.

Je crois devoir terminer par quelques détails sur les motifs qui dirigèrent les partisans de Joseph dans leur soumission, et sur la conduite de ce monarque sur le trône d'Espagne.

Opinion publique des Espagnols.

Aucun des signataires de la constitution de Bayonne, aucun des Espagnols qui prêtaient serment de fidélité à Joseph ne se faisaient illusion sur les manœuvres odieuses de Napoléon, pour enlever la couronne d'Espagne à son légitime possesseur. Mais l'abandon que la famille royale faisait de ses droits; les décrets que Ferdinand VII, et son père, avaient rendus, pour engager la nation à se soumettre à la dynastie nouvelle, les dédommagemens qu'ils avaient stipulés en leur faveur et dont ils paraissaient satisfaits; tous ces motifs entraînaient les esprits vers le gouvernement nouveau, qui était appelé à guérir les plaies profondes faites au corps national par le favori de Charles IV. Une opinion généralement répandue aidait, en outre, l'établissement de la dynastie napoléonienne. La plupart des Espagnols éclairés croyaient que la nation ne devait pas montrer plus d'attachement et de fidélité envers ses souverains, que ceux-ci n'avaient montré pour elle d'amour et de constance: « le dévouement, disaient-ils, exige du retour. Il faut qu'un citoyen soit toujours prêt à mourir pour défendre les droits d'un monarque ; mais il faut aussi que le monarque sache mourir, au besoin, pour défendre les droits de sa couronne, et l'indépendance de la patrie. »

Cette doctrine avait un grand nombre de partisans. Un peuple, cédé ou vendu, comme un troupeau, prend, quelquefois, les sentimens de sa position; comme un troupeau, il ne reconnaît de pasteur que celui qui le défend et le guide ; à ses yeux, le possesseur du sceptre est roi.

Si, lorsque Napoléon offrit à sa majesté Louis XVIII une pension, en échange des droits imprescriptibles de ses aïeux, ce monarque, vaincu par la fortune, avait signé lâchement sa propre déchéance, croit-on qu'à la restauration il aurait retrouvé ces droits encore debout, au milieu des ruines de notre antique monarchie? Dans son noble refus, S. M., répétant, avec François Ier, *Tout est perdu fors l'honneur,* savait que l'honneur, gardien sacré de la royauté, conserverait la légitimité dans tous les cœurs.

En n'oubliant pas la France, le Roi ne pouvait pas être oublié par elle.

Abandonnée par ses rois, l'Espagne fut au moment de les délaisser à son tour; libre dans son obéissance, par la renonciation de Charles IV, et par celle de Ferdinand, elle pouvait, sans honte, céder aux armes toujours victorieuses de Napoléon, et recevoir, du vainqueur de l'Europe, un souverain et des lois. Joseph y fut donc reçu avec des transports unanimes. Les qualités aimables du nouveau souverain, adoucissaient ce que les lois de la nécessité avaient de trop dur. Car, en 1808, aucun Espagnol raisonnable n'aurait osé espérer une résistance heureuse aux armes de Napoléon (*). Avant l'affaire de Baylen, l'opinion était la même chez tous les Espagnols, soit qu'ils fussent attachés à l'ancienne dynastie par des regrets, ou entraînés vers la nouvelle par

(*) En 1808, la partie disponible de l'armée espagnole ne s'élevait pas à vingt mille combattans; et Napoléon pouvait réunir sous les drapeaux, comme alliés ou comme sujets, les soldats de toute l'Europe continentale.

des espérances. Tous voyaient, dans Joseph, le seul protecteur futur de la patrie, et tous étaient disposés à le servir avec dévouement: la conduite de ceux même qui se sont rangés contre lui, après la capitulation de Baylen, en offre la preuve. Il faut croire à la sincérité de leurs protestations, pour ne pas être obligé de les accuser d'une perfidie indigne de gens d'honneur.

L'orgueil national fut exalté par la victoire de Castaños; dès lors l'espérance de résister à Napoléon fut conçue : l'Angleterre offrit son appui. On l'accepta : en ce moment la trahison de Bayonne fut dévoilée par le manifeste de D. Pedro Cevallos (*), elle excita au plus haut degré l'indignation populaire, et depuis lors seulement la nation fut divisée en deux partis, celui de la guerre et celui de la paix. Le premier se sépara de Joseph

(*) Sans l'affaire de Baylen, qui causa la retraite du roi Joseph à Vittoria, le manifeste de M. Cevallos n'aurait point été publié, la connaissance des événemens de Bayonne ne serait pas devenue populaire, et la masse de la nation, ignorant ce qui s'était passé, aurait imité les grands et les notables, et donné sa foi au frère de Napoléon.

après lui avoir juré fidélité : le second resta fidèle à son serment, convaincu d'ailleurs qu'un triomphe unique ne suffisait pas pour arrêter la marche conquérante de Napoléon.

La victoire de Baylen fit naître l'insurrection espagnole ; néanmoins ce serait une erreur de croire que la résistance populaire ait suffi pour chasser les Français de la Péninsule. Malgré l'aide des soldats de l'Angleterre, malgré les divisions scandaleuses de quelques généraux français, secours inattendu pour l'ennemi, le gouvernement insurrectionnel aurait vu enfin Joseph affermi sur son trône et l'Espagne pacifiée (*) sans les désastres de la campagne de Russie, qui en obligeant Napoléon à rappeler ses vieux soldats, affaiblirent l'armée française à un tel point que l'occupation de la Péninsule devint impossible au petit nombre de braves qui y restaient. Ce fut la chute de Napoléon, et non pas la résistance des

(*) Deux divisions de l'armée espagnole insurgée étaient, en 1813, même après l'affaire des Arapyles, en pourparlers pour faire leur soumission au roi Joseph. (*V*. le tome III des *Mémoires du général Hugo*.)

Espagnols qui rendit la liberté à l'Espagne et la couronne à Ferdinand. Cette résistance n'a même pu contribuer que d'une manière très secondaire au grand événement qui a changé la face du monde. Il fallait la conjuration des élémens, les glaces de la Russie et les armes de l'Europe entière pour renverser le colosse impérial. Alors seulement délivrées de son poids, l'Espagne qui avait combattu, la Hollande et l'Italie qui s'étaient soumises sans combat, recouvrèrent leur indépendance.

Conduite de Joseph Napoléon sur le trône. — Son Caractère.

Les Espagnols qui reconnurent la nouvelle dynastie, voulaient épargner à leur patrie les malheurs de la guerre et les ravages de l'invasion; ils cherchaient à conserver l'intégrité du territoire national. L'attachement qu'ils témoignèrent à Joseph, fut d'ailleurs justifié par la conduite de ce monarque. On a loué, et avec raison, le roi Louis Napoléon, d'avoir, étant souverain de la Hollande, embrassé et défendu contre l'ambition de l'empereur son frère, les intérêts de son royaume. Joseph mérite de pareils éloges.

Roi d'Espagne, il était devenu Espagnol lui-même. Il s'était entouré de ses nouveaux sujets; sa cour, à l'exception de quelques généraux français, attachés depuis long-temps à sa fortune, ne renfermait que des Espagnols. Les grands officiers de la couronne, les premiers officiers de son palais, sauf les généraux dont j'ai parlé, avaient tous été choisis dans les familles illustres de l'Espagne. Ne voulant rien changer au sort des Espagnols, attachés aux deux rois ses prédécesseurs, il avait admis dans sa maison tous ceux d'entre eux qui lui avaient offert leurs services; les pages au nombre de quarante, que leurs fonctions particulières attachaient à sa personne, étaient Espagnols, tous, excepté un seul (*).

(*) Parmi ces jeunes gens des premières maisons de l'Espagne, on remarquait même les fils de quelques-uns des généraux insurgés; Joseph, ne considérant pas ces enfans comme responsables de la conduite de leurs parens, leur accordait la même bienveillance qu'aux fils de ses sujets les plus dévoués; égaux en faveur et en privilèges à tous leurs camarades, quand leur tour de

La garde du roi Joseph se composait comme celle des rois Charles IV et Ferdinand VII, de régimens espagnols et de régimens étrangers (*).

Pendant son règne, aucun Français ne fut revêtu des importantes fonctions du ministère. Elles furent exclusivement réservées aux Espagnols (**). Tous les tribunaux, toutes les municipalités, tous les établissemens civils, le conseil d'état, les conseils du commerce, n'étaient remplis que d'Espagnols. Les Français n'occupaient que les dignités militaires, où néanmoins l'on remarquait encore un grand nombre d'Espagnols.

---

service arrivait, ils accompagnaient le roi dans ses promenades solitaires à la *Casa del Campo;* et, dans les parties de chasse, avaient, comme les autres, le soin de charger la carabine royale.

(*) Les régimens étrangers étaient suisses ou wallons du temps de Charles IV. Pendant le règne de Joseph, ils se recrutèrent parmi les soldats français. Le capitaine général de sa garde était espagnol.

(**) Les ministres de Joseph avaient tous été ministres ou conseillers d'état sous le règne des Bourbons. Ce furent MM. Cevallos, Azanza, O-Farrill, Urquijo, Cabarrus, Jovellanos, Mazarredo, Almenara, etc.

Le roi Joseph se montra, en toute circonstance, prêt à défendre l'indépendance et l'intégrité de son royaume. A peine monté sur le trône, il reconnut que les intérêts de l'Espagne réclamaient une paix maritime, et il demanda à Napoléon (vainement il est vrai), l'autorisation de garder la neutralité avec la Grande-Bretagne : lorsqu'ensuite on établit, par un décret impérial, des arrondissemens militaires en Espagne, il adressa à son frère les plus vives réclamations : enfin, lorsqu'en 1811, il vit les généraux de Napoléon traiter ses états en pays conquis, et les ministres français imiter leur exemple en s'emparant, par la nomination d'intendans civils, de l'administration des provinces entre l'Ebre et les Pyrénées; ses représentations devinrent presque menaçantes.

Dans la même année, apprenant qu'au mépris du décret qui l'avait placé sur le trône d'Espagne, la question d'ajouter au territoire français les provinces de Biscaye, de Navarre, d'Aragon et de Catalogne, s'agitait dans le cabinet impérial, Joseph quitta sans hésiter sa capitale, arriva à Paris, sous prétexte d'assister au baptême du roi de Rome, se présenta devant l'empereur, et lui déclara que, ne pouvant pas faire le bonheur de l'Espagne, il renonçait à régner sur ce pays; qu'il voulait être roi et non pas oppresseur. Napoléon, alarmé de cette chaleur généreuse, et redoutant l'effet moral que pouvait produire une telle abdication, se décida, pour calmer son frère, à abandonner ses prétentions sur la Péninsule, et à faire rendre l'administration des provinces aux autorités espagnoles.

Dans cette occasion, et pour fournir au roi les moyens de réprimer les excès des chefs militaires, l'empereur lui donna le titre et les pouvoirs de généralissime des armées françaises en Espagne. C'est alors que S. E. le maréchal Jourdan quitta son titre de major-général des armées françaises, pour prendre celui de chef d'état-major de S. M. C.

Joseph revint à Madrid, et recommença à défendre, avec courage, ses sujets espagnols contre les vexations des généraux français: mais voyant que leur désobéissance rendait nuls tous ses efforts, il envoya, à Paris, son secrétaire intime, avec une lettre pour Napoléon. Cette lettre, interceptée par la prise du convoi dans le défilé de Salinas, a été publiée à Cadix, en 1812, dans la *gazette de la Régence:* le passage suivant fera connaître quels nobles sentimens animaient alors Joseph: « Sire, écrivait-il à l'empereur, les « événemens ont trompé mes espérances; je « n'ai fait aucun bien, et je n'ai pas l'espoir « d'en faire: je prie donc V. M. de me per- « mettre de déposer, entre ses mains, les « droits qu'elle daigna me transmettre sur « la couronne d'Espagne, il y a quatre ans. « Je n'ai jamais eu d'autre but, en l'accep- « tant, que celui de faire le bonheur de cette « monarchie; cela n'est point en mon pou- « voir. » Lorsque le roi Joseph signait cette honorable renonciation à la couronne (23 mars 1812), la Péninsule était occupée par une armée nombreuse et triomphante: la campagne de Russie n'avait pas encore ébranlé le trône de Napoléon, et la bataille des Arapyles n'avait pas encore commencé, en Espagne, les désastres des Français.

Il ne m'appartient pas de parler des mœurs privées du roi Joseph. Les rois sont hommes, et les détails de leur vie domestique, quand elle n'a point influé sur l'administration publique, sortent du ressort de l'historien.

Tous ceux qui ont approché de S.M., peuvent rendre témoignage de sa bonté, de sa douceur, de son affabilité et de son égalité de caractère au milieu des événemens les plus divers. On le voyait, dans sa prospérité, cherchant à répandre sa fortune sur tous ceux qui l'entouraient; dans ses désastres, moins occupé de lui-même que de ceux que son malheur entraînait avec lui.

Il était brave dans les combats; le jour de la seconde affaire des Arapyles (novembre 1812), je l'ai vu rester long-temps sous le feu d'une batterie ennemie, donnant des ordres avec calme. A la malheureuse bataille de Vittoria, un officier d'état-major a été frappé d'une balle à ses côtés, tant il s'était avancé au milieu des ennemis.

Sa clémence égalait son humanité (*); on

(*) Napoléon connaissait si bien le caractère clément de son frère, que, voulant (en 1808) faire sentir à l'Espagne la nécessité de se soumettre à Joseph, et craignant que la réputation de bonté de ce prince ne

le vit pendant la bataille d'Ocaña, parcourir les rangs français, et recommander aux soldats de ménager les vaincus. Après la bataille il fit grâce de la vie à un grand nombre de soldats espagnols qui, après lui avoir prêté serment de fidélité avaient été pris les armes à la main combattant contre lui. Lors de la grande famine de 1811 à 1812, ses finances étaient épuisées; cependant il

---

lui nuisît auprès du peuple de Madrid, il menaça les Espagnols de retirer la couronne à un roi dont ils ne se montraient pas dignes, et de la joindre, sur sa tête, au diadême impérial. Voici le passage de la curieuse proclamation qui contient cette singulière menace :

« . . . . Si tous mes efforts sont inutiles, et si « vous ne répondez pas à ma confiance, il ne me restera « qu'à vous traiter en provinces conquises, et à placer « mon frère sur un autre trône; je mettrai alors la cou« ronne d'Espagne sur ma tête, et je saurai la faire res« pecter des méchans; car Dieu m'a donné la force « et la volonté nécessaires pour surmonter tous les obs« tacles.

« NAPOLÉON. »

L'effet de cette menace fut tel, qu'en moins de trente jours, plus de vingt-sept mille pères de famille avaient inscrit leur serment de fidélité à Joseph, sur les registres ouverts à cet effet chez les magistrats de Madrid.

trouva moyen de venir au secours des pauvres de Madrid en réduisant au strict nécessaire toutes les dépenses de sa maison. Enfin, tant que dura la famine, il fit servir sur sa table un pain noir et grossier, ne voulant pas, disait-il, manger du pain de pur froment, alors qu'un grand nombre de ses sujets manquaient de nourriture.

Après avoir cherché l'impartialité dans le précis des événemens qui ont conduit Joseph Napoléon sur le trône d'Espagne, j'ai dû montrer la même impartialité dans le tableau de sa conduite sur ce trône. J'ai eu l'honneur d'être attaché à sa personne comme page, et je l'ai servi comme officier d'état-major : je crois avoir été bien placé pour apprécier ses nobles qualités. Les opinions politiques que je professe, et qui sont bien connues, donneront peut-être quelque poids à la justice que je rends aujourd'hui à mon ancien souverain. Nulle crainte, nulle espérance n'a pu guider ma plume.

Attaché par conviction à la monarchie constitutionnelle, profondément pénétré du dogme de la légitimité, dévoué par sentiment à l'auguste famille qui nous a été rendue, j'ai pu écrire avec une entière liberté. Je me trouve heureux de ce qu'ayant eu à parler d'un prince d'une dynastie tombée, il m'a été possible de faire un éloge qui était dans mon cœur, en racontant seulement la vérité.

ABEL HUGO.

PIÈCES

OFFICIELLES ET JUSTIFICATIVES

CITÉES DANS CE VOLUME

PIÈCES

OFFICIELLES ET JUSTIFICATIVES.

Nº Ier.

TRAITÉ *entre S. M. l'Empereur des Français et S. M. le roi Charles IV.*

NAPOLÉON, empereur des Français, roi d'Italie, protecteur de la confédération du Rhin ;

Et Charles IV, roi des Espagnes et des Indes, animés d'un égal desir de mettre promptement un terme à l'anarchie à laquelle est en proie l'Espagne, de sauver cette brave nation des agitations des factions, voulant lui éviter toutes les convulsions de la guerre civile et étrangère, et la placer sans secousses dans la seule position qui, dans la circonstance extraordinaire où elle se trouve, puisse maintenir son intégrité, lui garantir ses colonies, et la mettre en état de réunir tous ses moyens à ceux de la France, pour arriver à une paix maritime, ont résolu de réunir tous leurs efforts, et de régler, dans une convention particulière, de si chers intérêts. A cet effet ils ont nommé, savoir :

S. M. l'empereur des Français, roi d'Italie, protecteur de la confédération du Rhin,

M. le général de division Duroc, grand maréchal du palais ;

Et S. M. le roi des Espagnes et des Indes,

S. A. S. don Manuel Godoy, prince de la Paix, comte de Evora-Monte ;

Lesquels, après avoir échangé leurs pleins pouvoirs, sont convenus de ce qui suit.

ARTICLE PREMIER.

S. M. Charles IV n'ayant eu en vue toute sa vie que le bonheur de ses sujets, et constant dans le principe que tous les actes d'un souverain ne doivent être faits que pour arriver à ce but ; les circonstances actuelles ne pouvant être qu'une source de dissensions d'autant plus funestes, que les factions ont divisé sa propre famille, a résolu de céder, comme il cède par le présent, à S. M. l'empereur Napoléon tous les droits sur le trône des Espagnes et des Indes, comme le seul qui, au point où en sont arrivées les choses, peut rétablir l'ordre ; entendant que ladite cession n'ait lieu qu'afin de faire jouir ses sujets des deux conditions suivantes :

ARTICLE II.

1° L'intégrité du royaume sera maintenue ; le prince que S. M. l'empereur Napoléon jugera devoir placer sur le trône d'Espagne sera indépendant, et les limites d'Espagne ne souffriront aucune altération.

2° La religion catholique, apostolique et romaine sera la seule en Espagne; il ne pourra y être toléré aucune religion réformée et encore moins infidèle, suivant l'usage établi aujourd'hui.

ARTICLE III.

Tous actes faits contre ceux de nos fidèles sujets, depuis la révolution d'Aranjuez, sont nuls et de nulle valeur, et leurs propriétés leur seront rendues.

ARTICLE IV.

S. M. le roi Charles, ayant ainsi assuré la prospérité, l'intégrité et l'indépendance de ses sujets, S. M. l'empereur s'engage à donner refuge dans ses états au roi Charles, à la reine, à sa famille, au prince de la Paix, ainsi qu'à ceux de leurs serviteurs qui voudront les suivre, lesquels jouiront, en France, d'un rang équivalant à celui qu'ils possédaient en Espagne.

ARTICLE V.

Le palais impérial de Compiègne, les parcs et forêts qui en dépendent, seront à la disposition du roi Charles, sa vie durant.

ARTICLE VI.

S. M. l'empereur donne et garantit à S. M. le roi Charles une liste civile de trent millions de réaux que S. M. l'empereur lui fera payer directement tous les mois par le trésor de la couronne.

A la mort du roi Charles, deux millions de revenus formeront le douaire de la reine.

ARTICLE VII.

S. M. l'empereur Napoléon s'engage à accorder à tous les infans d'Espagne une rente annuelle de 400,000 francs, pour en jouir à perpétuité eux et leurs descendans, sauf la réversibilité de ladite rente d'une branche à l'autre, en cas de l'extinction de l'une d'elles, et en suivant les lois civiles. En cas d'extinction de toutes les branches, lesdites rentes seront réversibles à la couronne de France.

ARTICLE VIII.

S. M. l'empereur Napoléon fera tel arrangement qu'il jugera convenable avec le futur roi d'Espagne, pour le paiement de la liste civile et des rentes comprises dans l'article précédent; mais S. M. le roi Charles IV n'entend avoir de relation pour cet objet qu'avec le trésor de France.

ARTICLE IX.

S. M. l'empereur Napoléon donne en échange à S. M. le roi Charles le château de Chambord, avec les parcs, forêts et fermes qui en dépendent, pour en jouir en toute propriété et en disposer comme bon lui semblera.

ARTICLE X.

En conséquence, S. M. le roi Charles renonce, en faveur de S. M. l'empereur Napoléon, à toutes les propriétés allodiales et particulières non appartenantes à la couronne d'Espagne, mais qu'il possède en propre.

Les infans d'Espagne continueront à jouir du revenu des commanderies qu'ils possèdent en Espagne.

ARTICLE XI.

La présente convention sera ratifiée, et les ratifications en seront échangées dans huit jours, ou le plus tôt qu'il sera possible.

Fait à Bayonne, le 5 mai 1808.

LE PRINCE DE LA PAIX. DUROC.

Nᵒ. II.

TRAITÉ *Entre le Prince des Asturies et l'Empereur des Français.*

S. M. l'empereur des Français, roi d'Italie, protecteur de la confédération du Rhin, et S. A. R. le Prince des Asturies, ayant des différens à régler, ont nommé pour leurs plénipotentiaires, savoir :

S. M. l'empereur des Français, roi d'Italie, M. le général de division Duroc, grand maréchal du palais;

Et S. A. R. le Prince des Asturies, don Juan de Escoïquiz, conseiller-d'état de S. M. C. chevalier grand-croix de l'ordre de Charles III.

Lesquels, après avoir échangé leurs pleins pouvoirs, sont convenus des articles suivans :

ARTICLE PREMIER.

S. A. R. le Prince des Asturies adhère à la cession faite par le roi Charles de ses droits au trône d'Espagne et des Indes, en faveur de S. M. l'empereur des Français, roi d'Italie ; et renonce, autant que de besoin, aux droits qui lui sont acquis, comme Prince des Asturies, à la couronne des Espagnes et des Indes.

ARTICLE II.

S. M. l'empereur des Français, roi d'Italie, accorde en France, à S. A. R. le prince des Asturies, le titre d'altesse royale, avec tous les honneurs et prérogatives dont jouissent les princes de son sang.

Les descendans de S. A. R. le prince des Asturies conserveront le titre de prince, celui d'altesse sérénissime, et auront toujours le même rang, en France, que les princes dignitaires de l'empire.

ARTICLE III.

S. M. l'empereur des Français, roi d'Italie, cède et donne, par les présentes, en toute propriété, à S. A. R. le prince des Asturies et à ses descendans, les palais, parcs, fermes de Navarre, et les bois qui en dépendent, jusqu'à la concurrence de 50,000 arpens, le tout dégrevé d'hypothèques, et pour en jouir, en toute propriété, à dater de la signature du présent traité.

ARTICLE IV.

Ladite propriété passera aux enfans et héritiers de S. A. R. le prince des Asturies; à leur défaut, aux enfans et héritiers de l'infant D. Carlos; à défaut de ceux-ci, aux enfans et héritiers de l'infant D. Francisco; et enfin, à leur défaut, aux enfans et héritiers de l'Infant D. Antonio. Il sera expédié des lettres patentes et particulières du prince à celui de ces héritiers auquel reviendra ladite propriété.

ARTICLE V.

S. M. l'empereur des Français, roi d'Italie, accorde à S. A. R. le prince des Asturies 400,000 fr. de rente apanagère sur le trésor de France, et payable par douzième chaque mois, pour en jouir, lui et ses descendans ; et venant à manquer la descendance directe de S. A. R. le prince des Asturies, cette rente apanagère passera à l'infant D. Carlos, à ses enfans et héritiers ; et, à leur défaut, à l'infant D. Francisco, à ses descendans et héritiers.

ARTICLE VI.

Indépendamment de ce qui est stipulé dans les articles précédens, S. M. l'empereur des Français, roi d'Italie, accorde à S. A. R. une rente de 600,000 fr. également sur le trésor de France, pour en jouir sa vie durant. La moitié de ladite rente sera réversible sur la tête de la princesse son épouse, si elle lui survit.

ARTICLE VII.

S. M. l'empereur des Français, roi d'Italie, accorde et garantit aux infans D. Antonio, oncle de S. A. R. le prince des Asturies, D. Carlos et D. Francisco, frères dudit prince :

1° Le titre d'altesse royale, avec tous les honneurs et prérogatives dont jouissent les princes de son sang; les descendans de LL. AA. RR. conserveront le titre de prince, celui d'altesse sérénissime, et auront toujours en France le même rang que les princes dignitaires de l'empire ;

2° La jouissance du revenu de toutes leurs commanderies en Espagne, leur vie durant;

3° Une rente apanagère de 400,000 fr. pour en jouir eux et leurs héritiers à perpétuité, entendant S. M. I. que les infans D. Antonio, D. Carlos et D. Francisco venant à mourir sans laisser d'héritiers, ou leur postérité venant à s'éteindre, lesdites rentes apanagères appartiendront à S. A. R. le prince des Asturies, ou à ses descendans et héritiers; le tout aux conditions que LL. AA. RR. D. Carlos, D. Antonio et D. Francisco adhèrent au présent traité.

ARTICLE VIII.

Le présent traité sera ratifié, et les ratifications en seront échangées dans huit jours, ou plutôt si faire se peut.

Bayonne, le 10 mai 1808,

DUROC. JUAN DE ESCOÏQUIZ.

N° III.

Instruction *de la Junte suprême de Séville, pour résister à l'Invasion des Français.*

Palais royal de l'Alcasar de Séville, 8 juin 1808.

Nous ne pouvons douter un moment des efforts que les Espagnols réunis, de toutes les provinces, feront pour arrêter et déjouer les mauvais desseins des Français, et qu'ils ne sacrifient même leur vie dans cette occasion, la plus importante, et même sans exemple dans l'histoire, tant pour la chose en elle-même que pour les moyens horribles que l'ingratitude et la perfidie des Français ont employés pour entreprendre et poursuivre notre asservissement, qui est encore aujourd'hui le but de leurs efforts.

1° Avant tout, évitons tous combats généraux, et soyons convaincus que, sans nous procurer aucun avantage, sans même pouvoir nous en faire espérer, nous y serions exposés aux plus grands hasards. Les motifs de cette résolution sont nombreux, et tels, qu'il suffira, pour les découvrir, d'avoir l'usage de son intelligence.

2° Une guerre de partisans est le système qui nous convient; il faut embarrasser et ravager les armées ennemies par le manque de vivres, détruire des ponts, former des retranchemens dans des situations avantageuses, et prendre d'autres moyens semblables. La situation de l'Espagne, ses montagnes nombreuses, et les défilés qu'elle présente, ses rivières et ses torrens, et même la distribution de ses provinces, tout nous invite à chercher nos succès dans ce genre de guerre.

3° Il est indispensable que chaque province ait son général, de talens connus, aussi expérimenté que le permet notre situation; il faut que sa loyauté héroïque inspire une entière confiance, et que chaque général ait sous ses ordres des officiers de mérite, surtout d'artillerie et du génie.

4° Comme l'union combinée des plans est l'âme de toute entreprise bien concertée, et ce qui, seul, peut promettre et faciliter le succès, il paraît indispensable qu'il y ait trois généralissimes, qui agissent l'un avec l'autre; l'un commandera dans les quatre royaumes de l'Andalousie, de Murcie, et de la basse Estramadure; l'autre, à Valence, dans l'Aragon et la Catalogne; une personne du plus grand crédit étant envoyée dans la Navarre, dans les provinces de la Biscaye, Montañas, les Asturies, Rioja et le nord de la vieille Castille, pour le projet dont il sera parlé ci-après.

5° Chacun de ces généraux et généralissimes formera une armée de vétérans, de soldats et de paysans réunis, et se placera de manière à faire des entreprises, à secourir les points les plus exposés, en conservant toujours des communications fréquentes avec les autres généralissimes, pour que tout soit fait d'un commun accord, et qu'ils puissent se donner des secours mutuels.

6° Madrid et la Manche exigent un général particulier, pour se concerter et exécuter les entreprises que demande la situation locale. — Son seul objet doit être d'inquiéter les armées ennemies, de leur enlever ou couper les vivres, de les attaquer par le flanc ou par derrière, de ne leur laisser aucun instant de repos. Le courage des habitans est bien connu, et ils s'empresseront d'embrasser un pareil projet, s'il est conduit comme il doit l'être. Dans la guerre de la succession, l'ennemi entra deux fois dans l'intérieur du royaume, et même jusque dans la capitale, et ce fut la cause de sa défaite, de sa ruine entière et de son défaut total de succès.

7° Les généralissimes du Nord et de l'Est bloqueront les entrées des provinces placées sous leurs ordres, et viendront au secours de tous ceux qui seront attaqués par l'ennemi, pour empêcher autant que possible tout pillage, et préserver les habitans des ravages de la guerre; les montagnes et les défilés en grand nombre qui sont sur la frontière de ces provinces, favorisent de tels projets.

8° La destination du général de la Navarre, de la Biscaye, et du reste de ce département, est la plus importante de toutes; il sera assisté par les généraux du Nord et de l'Est, avec les troupes et autres secours dont il aura besoin. Son unique emploi sera de fermer l'entrée de l'Espagne aux troupes françaises fraîches, et de harasser et détruire celles qui retournent d'Espagne en France par ce point. Les rochers qui hérissent ces provinces seront d'un extrême avantage pour un semblable dessein; et ces entreprises, si elles sont bien concertées et exécutées, ne manqueront pas de réussir. Il en sera de même des différens points par lesquels les troupes françaises qui sont en Portugal pourraient entrer en Espagne, ou par lesquels les troupes françaises pourraient entrer par le Roussillon dans la Catalogne; car il y a peu à craindre pour l'Aragon, et même on ne pense pas qu'ils s'échappent du Portugal, à cause des proclamations qu'on a répandues dans ce royaume, et parce que la haine qu'on y portait aux Français, s'est augmentée sans bornes, par suite des maux innombrables qu'on a eu à y souffrir d'eux, et de la cruelle oppression qu'on y a subie.

9° En même temps, il serait très bon que les généralissimes fissent publier et répandre de fréquentes proclamations parmi le peuple, et enflammassent son courage et sa loyauté, en lui montrant qu'il a tout à craindre de l'horrible perfidie que les Français ont employée contre l'Espagne, et même contre le roi Ferdinand VII; et que s'ils régnaient sur nous, tout serait perdu, souverain, monarchie, propriété, liberté, indépendance et religion; et qu'ainsi il est nécessaire de sacrifier notre vie et nos biens à la défense du roi et de la patrie; et quand même notre sort nous condamnerait (ce qui, nous l'espérons, n'arrivera pas) à devenir esclaves, devenons-le en combattant et en mourant comme des braves, et ne nous soumettons pas lâchement au joug, comme des agneaux, ainsi que le dernier gouvernement aurait eu l'infamie de le faire, et que l'esclavage ne couvre pas l'Espagne d'une infamie et d'un deuil éternels. Les Français n'ont jamais dominé sur nous, ni posé le pied sur notre territoire. Nous avons souvent régné sur eux, non par la ruse, mais par la force des armes ; nous avons tenu leurs rois prisonniers, et fait trembler leur nation. — Les Espagnols sont toujours les mêmes, et la France, l'Europe et le monde entier verront que nous ne sommes pas moins forts ni moins braves que nos plus illustres ancêtres.

10° Toutes les personnes bien élevées des provinces, devront exciter la composition, l'impression et la publication fréquente de discours succincts, pour soutenir l'opinion publique et l'ardeur de la nation, et réfuter en même temps les infâmes journaux de Madrid, que la bassesse du dernier gouvernement a permis et permet encore de publier dans Madrid même, et a fait circuler au dehors; ces personnes en découvriront les faussetés et les contradictions continuelles; il faut qu'elles couvrent de mépris les misérables auteurs de ces journaux, et qu'elles étendent quelquefois leurs remarques à ces charlatans, gazetiers français, et même au Moniteur. Qu'elles déploient et publient à la face de l'Espagne et de toute l'Europe, l'horreur de leurs mensonges et la vénalité de leurs louanges; car ils offrent une ample matière à un pareil travail. Que tous ces esprits pervers tremblent devant l'Espagne ; que la France sache que les Espagnols ont pénétré à fond ses desseins, et que c'est pour cela qu'ils la détestent et la couvrent d'exécration, et qu'ils mourraient plutôt que de se soumettre à un joug inique et barbare.

11° On aura soin d'expliquer à la nation et de la convaincre que, lorsque nous serons délivrés, comme nous comptons l'être, de cette guerre civile à laquelle les Français nous ont forcés, et que, placé dans un état de tranquillité, notre roi et seigneur Ferdinand VII aura repris le trône, les Cortès seront assemblées sous lui et par lui, les abus seront réformés, et que l'on fera des lois telles que les circonstances et l'expérince les dicteront pour le bien et le bonheur publics. Les Espagnols savent faire tout cela, et nous les avons faites aussi bien que d'autres nations, sans qu'il soit nécessaire que de vils Français viennent nous instruire, et que, suivant leur usage, sous le masque de l'amitié et de souhaits pour notre bonheur, ils cherchent, car c'est là le seul but de leurs complots, à violer nos femmes, à nous assassiner, à nous priver de notre liberté, de nos lois, de notre roi, à étouffer et détruire notre sainte religion, comme ils l'ont fait jusqu'à présent, et comme ils le feront toujours, tant que durera cet esprit de perfidie et d'ambition qui les domine et les tyrannise.

Par ordre de la Junte suprême,

JUAN BAUTISTA PARDO,
Secrétaire.

N°. IV.

Constitution (1) *donnée par le roi Joseph, à la Nation espagnole.*

Bayonne, 6 juillet 1808.

Au nom du Dieu tout-puissant, Don Joseph Napoléon, par la grâce de Dieu, roi des Espagnes et des Indes;

Après avoir entendu la junte nationale, réunie à Bayonne par les ordres de notre très cher et bien aimé frère Napoléon, empereur des Français, roi d'Italie, protecteur de la confédération du Rhin, etc., etc.

Nous avons Décrété et décrétons le présent statut constitutionnel, pour être exécuté comme loi fondamentale de nos états, et comme base du pacte qui lie nos peuples à nous et nous à nos peuples.

TITRE PREMIER.

De la Religion.

Art. 1.er La religion catholique, apostolique et romaine est en Espagne, et dans toutes les possessions

(*) Cet acte est souscrit de vingt-cinq noms.

espagnoles, la religion du roi et de la nation; aucune autre n'est permise.

TITRE II.

De la Succession à la Couronne.

2. La couronne d'Espagne et des Indes est héréditaire dans notre descendance directe, naturelle et légitime, de mâle en mâle, par ordre de primogéniture.

A défaut de notre descendance masculine, naturelle et légitime, la couronne d'Espagne et des Indes sera dévolue à l'Empereur Napoléon, empereur des Français, roi d'Italie, protecteur de la confédération du Rhin, et à ses héritiers et descendans mâles naturels, légitimes ou adoptifs.

A défaut de descendance masculine, naturelle, légitime ou adoptive de l'empereur Napoléon, aux descendans mâles, naturels et légitimes du prince Louis Napoléon, roi de Hollande.

A défaut de descendance masculine, naturelle et légitime du prince Louis Napoléon, aux descendans mâles, naturels et légitimes du prince Jérôme Napoléon, roi de Westphalie.

A défaut de ceux-ci, au fils aîné, né, à l'époque du décès du dernier roi, de la plus âgée de ses filles, ayant des enfans mâles, et à sa descendance masculine, naturelle et légitime.

Et dans le cas où le dernier roi n'aurait pas laissé

de fille ayant des enfans mâles, à celui qu'il aura désigné par son testament, soit parmi ses parens les plus proches, soit parmi ceux qu'il jugera les plus dignes de gouverner les Espagnes.

La désignation du roi sera présentée à l'approbation des cortès.

3. La couronne des Espagnes et des Indes ne pourra jamais être réunie à une autre couronne sur la même tête.

4. Dans tous les édits, lois et réglemens, les titres du roi des Espagnes seront :

Don..... par la grâce de Dieu et la constitution de l'état, roi des Espagnes et des Indes.

5. Le roi, à son avénement ou à sa majorité, prête serment au peuple espagnol sur l'Évangile, et en présence du sénat, du conseil d'état, des cortès et du conseil de Castille. Le ministre secrétaire d'état dresse procès-verbal de la prestation du serment.

6. Le serment est ainsi conçu :

« Je jure, par les saints Évangiles, de respecter et « faire respecter notre sainte religion, d'observer et « de faire observer la constitution, de maintenir l'in« tégrité et l'indépendance de l'Espagne et de ses pos« sessions, de respecter et de faire respecter la li« berté individuelle et la propriété, et de gouverner « dans la seule vue de l'intéret, du bonheur et de la « gloire de la nation espagnole. »

7. Les peuples des Espagnes et des Indes prêtent serment en ces termes :

« Je jure fidélité et obéissance au roi, à la constitution et aux lois. »

TITRE III.

De la régence.

8. Le roi est mineur jusqu'à l'âge de dix-huit ans accomplis : pendant sa minorité il y a un régent du royaume.

9. Le régent doit être âgé au moins de vingt-cinq ans accomplis.

10. Le roi désigne le régent parmi les infans ayant l'âge exigé par l'article précédent.

11. A défaut de désignation de la part du roi, la régence est déférée au prince le plus éloigné du trône, dans l'ordre de l'hérédité, ayant vingt-cinq ans accomplis.

12. Si, à raison de la minorité d'âge du prince le plus éloigné du trône, dans l'ordre de l'hérédité, elle a été déférée à un parent dans un degré plus rapproché, le régent entré en exercice continue ses fonctions jusqu'à la majorité du roi.

13. Le régent n'est pas personnellement responsable des actes de son administration.

14. Tous les actes de la régence sont au nom du roi mineur.

15. Le quart du revenu de la dotation de la couronne sera affecté au traitement du régent.

16. Le roi n'ayant pas désigné le régent, et aucun des princes n'étant âgé de vingt-cinq ans accomplis, la régence est exercée par un conseil de régence, composé de sept membres les plus anciens du sénat.

17. Toutes les affaires de l'État sont dirigées, par le conseil de régence, à la majorité des voix. Le ministre secrétaire d'État tient le registre des délibérations.

18. La régence ne confère aucun droit sur la personne du roi mineur.

19. La garde du roi mineur est confiée au prince désigné à cet effet par le dernier roi, et, à défaut de désignation, à la mère du roi mineur.

20. Un conseil de tutelle, composé de cinq sénateurs nommés par le dernier roi, sera spécialement chargé de veiller à l'éducation du roi mineur; il sera consulté sur toutes les affaires importantes relatives à la personne du roi et à sa maison. Si le conseil de tutelle n'a pas été nommé par le dernier roi, il sera composé de cinq membres les plus anciens du sénat. Dans le cas où il y aurait un conseil de régence, seront membres du conseil de tutelle les cinq sénateurs qui suivront ceux du conseil de régence dans l'ordre de l'ancienneté.

TITRE IV.

De la Dotation de la couronne.

21. Les palais de Madrid, de l'Escurial, de Saint-Ildefonse, d'Aranjuez, du Prado et tous autres ayant

fait jusqu'à ce jour partie du domaine de la couronne, y compris les parcs, forêts, métairies et propriétés de quelque nature que ce soit, en dépendant, constituent le domaine de la couronne.

Les revenus desdits biens sont versés dans le trésor de la couronne : dans le cas où ils ne s'élèveraient pas à la somme annuelle d'un million de piastres fortes, il y sera pourvu par une augmentation en domaines.

22. Une somme annuelle de deux millions de piastres fortes est versée dans le trésor de la couronne par le trésor public, et par douzième de mois en mois.

23. Les infans d'Espagne, aussitôt qu'ils auront atteint l'âge de douze ans, jouissent par apanage d'une somme annuelle; savoir :

Le prince héréditaire, de 200,000 piastres fortes.
Les infans, de 100,000
Les infantes, de 50,000

Ces sommes seront versées entre les mains du trésorier général de la couronne, par le trésor public.

24. Le douaire de la reine est fixé à 400,000 piastres fortes, et sera payé par le trésor de la couronne.

TITRE V.

Des Officiers de la couronne.

25. Les grands officiers de la couronne sont au nombre de six, savoir : un grand aumônier, un grand majordome, un grand chambellan, un grand écuyer, un grand veneur et un grand maître des cérémonies.

26. Les aumôniers et chapelains d'honneur, les chambellans, maîtres des cérémonies, écuyers et majordomes, sont officiers de la couronne.

TITRE VI.

Du Ministère.

27. Il y aura neuf ministres, savoir : un ministre de la justice, des affaires ecclésiastiques, des affaires étrangères, de l'intérieur, des finances, de la guerre, de la marine, des Indes, et de la police générale.

28. Un secrétaire d'état ayant rang de ministre, contresignera tous les actes.

29. Lorsque le roi le jugera convenable, le ministère des affaires ecclésiastiques pourra être réuni à celui de la justice, et le ministre de la police générale à celui de l'intérieur.

30. Les ministres prendront rang entre eux, suivant l'ordre de leur nomination.

31. Les ministres seront responsables, chacun pour sa partie, de l'exécution des lois et des ordres du roi.

TITRE VII.

Du Sénat.

32. Le sénat se compose : 1° des infans d'Espagne ayant atteint leur dix-huitième année; 2° de vingt-quatre membres nommés par le roi, parmi les ministres, les capitaines généraux de l'armée de terre et de mer, les ambassadeurs, les conseillers d'État, et les membres du conseil de Castille.

33. Nul ne peut être nommé sénateur, s'il n'est âgé de quarante ans accomplis.

34. Les sénateurs sont nommés à vie. Ils ne peuvent être privés de l'exercice de leurs fonctions qu'en conséquence d'un jugement rendu par les tribunaux compétens et dans les formes authentiques.

35. Les conseillers d'État actuels sont membres du sénat. Il n'y aura lieu à de nouvelles nominations, que lorsqu'ils auront été réduits au-dessous du nombre de vingt-quatre, déterminé par l'art. 32 ci-dessus.

36. Le président du sénat est nommé par le roi, et choisi parmi les sénateurs. Ses fonctions durent un an.

37. Il convoque le sénat sur un ordre du roi; et sur la demande ou des commissions dont il sera parlé ci-après, art. 40 et 45, ou d'un officier du sénat pour les affaires intérieures du corps.

38. Dans le cas de révolte à main armée, ou troubles qui menacent la sûreté de l'État, le sénat, sur la proposition du roi, peut suspendre l'empire du statut constitutionnel, dans des lieux et pour un temps déterminés.

Le sénat peut également, dans le cas d'urgence et sur la proposition du roi, prendre toutes les autres mesures extraordinaires qu'exigerait le maintien de la sûreté publique.

39. Il appartient au sénat de veiller au maintien de la liberté individuelle, et de la liberté de la presse,

lorsqu'elle aura été établie par les lois, conformément à ce qui est prescrit ci-après, tit. 13, art. 145. Le sénat exerce ses attributions de la manière réglée par les articles qui suivent.

40. Une commission de cinq membres nommés par le sénat et choisis dans son sein, prend connaissance, sur la communication qui lui en est donnée par les ministres, des arrestations effectuées conformément à l'art. 134 du titre 13 ci-après, lorsque les personnes arrêtées n'ont pas été traduites devant les tribunaux dans le mois de leur arrestation. Cette commission s'appelle *commission sénatoriale de la liberté individuelle.*

41. Toutes les personnes arrêtées et non mises en jugement après le mois de leur arrestation, peuvent recourir directement par elles, leurs parens ou leurs représentans, et par voie de pétition à la commission sénatoriale de la liberté individuelle.

42. Lorsque la commission estime que la détention prolongée, au-delà du mois de l'arrestation, n'est pas justifiée par l'intérêt de l'État, elle invite le ministre, qui a ordonné l'arrestation, à faire mettre en liberté la personne détenue, ou à la mettre à la disposition du tribunal compétent.

43. Si après trois invitations consécutives, renouvelées dans l'espace d'un mois, la personne détenue n'est pas mise en liberté ou renvoyée devant les tribunaux ordinaires, la commission demande une as-

semblée du sénat, qui est convoqué par le président, lequel, s'il y a lieu, fait la déclaration suivante :

« Il y a de fortes présomptions que N. est détenu arbitrairement. »

Le président porte au roi la délibération motivée du sénat.

44. Ladite délibération est examinée, d'après les ordres du roi, par une commission composée des présidens de section du conseil d'État, et de cinq membres du conseil de Castille.

45. Une commission de cinq membres, nommée par le sénat et choisie dans son sein, est chargée de veiller à la liberté de la presse. Ne sont point compris dans ses attributions les ouvrages qui s'impriment, se distribuent par abonnement et à des époques périodiques. Cette commission est appelée, *commission sénatoriale de la liberté de la presse.*

46. Les auteurs, imprimeurs ou libraires qui se croient fondés à se plaindre d'empêchement mis à l'impression ou à la circulation d'un ouvrage, peuvent recourir directement et par voie de pétition, à la commission sénatoriale de la liberté de la presse.

47. Lorsque la commission estime que les empêchemens ne sont pas justifiés par l'intérêt de l'État, elle invite le ministre qui a donné l'ordre, à le révoquer.

48. Si après trois convocations consécutives, renouvelées dans l'espace d'un mois, les empêchemens

subsistent, la commission demande une assemblée du sénat qui est convoquée par le président et qui fait, s'il y a lieu, la déclaration suivante :

« Il y a de fortes présomptions que le libre exercice de la liberté de la presse a été violé. »

Le président porte au roi la délibération motivée du sénat.

49. Ladite délibération est examinée, d'après les ordres du roi, par une commission composée, comme il est dit ci-dessus, art. 44.

50. Les membres des commissions sénatoriales sont renouvelés, par cinquième, de six en six mois.

51. Les opérations, soit des assemblées d'élection pour la nomination des provinces, soit des corps municipaux, pour la nomination des députés des villes, ne peuvent être annulées, pour cause d'inconstitutionalité, que par le sénat, délibérant sur la proposition du roi.

TITRE VIII.

Du Conseil d'État.

52. Il y aura un conseil d'état présidé par le roi.

Il sera composé de trente membres au moins et de soixante au plus; il sera divisé en six sections, savoir :

Section de la justice et des affaires ecclésiastiques; de l'intérieur et de la police générale; des finances; de la guerre; de la marine et des Indes.

53. Le prince héréditaire pourra assister aux séan-

ces du conseil d'état lorsqu'il aura atteint l'âge de quinze ans.

54. Sont de droit membres du conseil d'état, les ministres et le président du conseil de Castille; ils assistent à ses séances, ne font partie d'aucune section, et ne comptent point dans le nombre fixé par l'article ci-dessus.

55. Six députés des Indes sont adjoints à la section des Indes, avec voix consultative, et conformément à ce qui est établi ci-après, art. 95, tit. 10.

56. Il y aura, près du couseil d'État, des maîtres des requêtes, des auditeurs et des avocats au conseil.

57. Les projets de lois civiles et criminelles, et les réglemens généraux d'administration publique, seront rédigés et discutés par le conseil d'État.

58. Il connaîtra des conseils de juridiction entre les corps administratifs et les corps judiciaires, du contentieux de l'administration, et de la mise en jugement des agens de l'administration publique.

59. Le conseil d'état, dans ses attributions, n'a que voix consultative.

60. Lorsque des actes du roi compris dans les attributions des cortès, ont été discutés au conseil d'état, ils ont force de loi jusqu'à la première assemblée des cortès.

TITRE IX.

Des Cortès.

61. Il y aura des cortès ou assemblées de la nation,

composées de cent soixante-douze membres divisés en trois bancs, savoir :

Le banc du clergé, le banc de la noblesse, le banc du peuple; le banc du clergé sera établi à la droite du trône; le banc de la noblesse à la gauche, et le banc du peuple en face.

62. Le banc du clergé sera composé de vingt-cinq archevêques ou évêques.

63. Le banc de la noblesse sera composé de vingt-cinq nobles, qualifiés *grands des cortès*.

64. Le banc du peuple sera composé, 1° de soixante-deux députés des provinces, tant d'Espagne que des Indes; 2° de trente députés des principales villes; 3° de quinze négocians ou commerçans; 4° de quinze députés des universités, savans ou hommes distingués par leur mérite personnel, soit dans les sciences, soit dans les arts.

65. Les archevêques ou évêques composant le banc du clergé, sont élevés au rang des membres des cortès par une lettre patente scellée du grand sceau de l'État. — Ils ne peuvent être privés de l'exercice de leurs fonctions, qu'en conséquence d'un jugement rendu par les tribunaux compétens, et dans les formes authentiques.

66. Les nobles, pour être élevés au rang de *grands des cortès*, doivent jouir d'un revenu de vingt mille piastres au moins, ou avoir rendu de longs et importans services dans la carrière civile ou militaire. — Ils sont

élevés au rang de *grands des cortès*, par une lettre-patente scellée du grand sceau de l'État. — Ils ne peuvent être privés de l'exercice de leurs fonctions, qu'en conséquence d'un jugement rendu par les tribunaux compétens, et dans les formes authentiques.

67. Les députés des provinces des Espagnes et des îles adjacentes seront nommés par les provinces, à raison d'un par 300,000 habitans ou environ. Les provinces seront, pour cet effet, divisées en arrondissemens d'élection, composant la population nécessaire pour avoir droit à l'élection d'un député.

78. L'assemblée qui procédera à l'élection du député de l'arrondissement, sera organisée par une loi des cortès, et jusqu'à cette époque elle sera composée, 1° du doyen des résidens de toute commune ayant au moins cent habitans; et si dans l'arrondissement il n'y a pas vingt communes ayant ladite population, les populations inférieures seront réunies pour fournir un électeur à raison de cent habitans, lequel sera tiré au sort parmi les plus anciens résidens de chacune desdites communes; 2° du doyen des curés des principales communes de l'arrondissement, lesquelles communes seront désignées de manière à ce que le nombre des électeurs ecclésiastiques n'excède pas le tiers du nombre total des membres de l'assemblée d'élection.

69. Les assemblées d'élection ne peuvent se réunir que sur une lettre de convocation du roi, énonçant le lieu et l'objet de la réunion, et l'époque de l'ou-

verture et de la clôture de l'assemblée. — Le président est nommé par le roi.

70. Il sera procédé à l'élection des députés des provinces des Indes, conformément à ce qui est prescrit ci-après, art. 93, tit. 10.

71. Les députés des trente principales villes seront nommés par le corps municipal de chacune de ces villes.

72. Les députés des provinces et des villes ne peuvent être choisis que parmi les propriétaires de biens-fonds.

73. Les quinze négocians ou commerçans seront choisis parmi les membres des chambres de commerce, et les négocians les plus riches et les plus considérés du royaume ; ils seront nommés par le roi, sur une liste de présentation de quinze individus, faite par chacun des tribunaux et chambres de commerce. — Le tribunal et la chambre de commerce se réuniront, dans chaque ville, pour faire en commun leur liste de présentation.

74. Les députés des universités, savans et hommes distingués par leur mérite personnel, soit dans les sciences, soit dans les arts, sont nommés par le roi sur une liste : 1° de quinze candidats présentés par le conseil de Castille ; 2° de sept candidats présentés par chacune des universités du royaume.

75. Le banc du peuple est renouvelé à chaque session. — Un membre de la session du peuple peut être

réélu pour la session suivante; mais, après avoir assisté à deux sessions consécutives, il ne peut être nommé de nouveau qu'après un intervalle de trois ans.

76. Les cortès s'assemblent sur une convocation ordonnée par le roi. — Elles ne peuvent être ajournées, provoquées et dissoutes que par lui. — Elles seront assemblées au moins une fois tous les trois ans.

77. Le président des cortès sera nommé par le roi, sur une présentation de trois candidats, faite par les cortès au scrutin et à la majorité absolue des suffrages.

78. A l'ouverture de chaque session, les cortès nommeront, 1° trois candidats à la présidence; 2° deux vice-présidens et deux secrétaires; 3° quatre commissions composées de cinq membres chacune, savoir: commissions de la justice, de l'intérieur, des finances et des Indes. — Jusqu'à ce que le président ait été nommé, l'assemblée sera présidée par le plus âgé des membres présens.

79. Les vice-présidens remplaceront le président en cas d'absence et d'empêchement, et dans l'ordre de leur nomination.

80. Les séances des cortès ne seront pas publiques, et leurs délibérations seront prises à la majorité absolue des suffrages, recueillis individuellement, soit par appel nominal, soit au scrutin secret.

81. Les opinions et les délibérations ne doivent être ni divulguées, ni imprimées. — Toute publication par voie d'impression ou d'affiche, faite par l'assem-

blée des cortès ou par l'un de ses membres, sera considérée comme un acte de rébellion.

82. La loi fixera, de trois ans en trois ans, le montant des recettes et des dépenses annuelles de l'État; cette loi sera portée à la délibération et à l'approbation des cortès par des orateurs du conseil d'état. — Les changemens à faire, soit au code civil, soit au code pénal, soit au système des impositions, soit au système monétaire, seront portés de la même manière à la délibération et à l'approbation des cortès.

83. Les projets de loi seront préalablement donnés en communication, par les sections du conseil d'état, aux commissions respectives des cortès, nommées à l'ouverture de la session.

84. Les comptes des finances, réglés en recettes et en dépenses par exercices, et rendus publics chaque année par la voie de l'impression, seront remis, par le ministre des finances, aux cortès, qui pourront faire, sur les abus qui se seraient introduits dans l'administration, telles représentations qu'ils jugeront convenables.

85. Dans le cas ou les cortès auraient à énoncer des plaintes graves et motivées sur la conduite d'un ministre, l'adresse qui contiendra ces plaintes, et l'exposé de leurs motifs, ayant été délibérés, seront portés devant le trône par une députation. Ladite adresse sera examinée, d'après les ordres du roi, par une commission composée de sept conseillers d'état et de six membres du conseil de Castille.

86. Les actes du roi portés à la délibération et à l'approbation des cortès seront promulgués avec cette formule ; *Les cortès entendues.*

TITRE X.

Des royaumes et provinces espagnoles d'Amérique et d'Asie.

87. Les royaumes et provinces espagnols d'Amérique et d'Asie, jouiront du même droit que la métropole.

88. Toutes espèces de culture et d'industrie seront libres dans lesdits royaumes et provinces.

89. Le commerce réciproque d'un royaume ou d'une province avec l'autre, et lesdits royaumes et provinces avec la métropole, est permis.

90. Il ne pourra exister aucun privilége particulier d'exportation ou d'importation dans lesdits royaumes et provinces.

91. Les royaumes et provinces auront constamment, auprès du gouvernement, des députés chargés de stipuler leurs intérêts, et de les représenter dans l'assemblée des cortès.

92. Ces députés seront au nombre de vingt-deux, savoir : deux de la Nouvelle-Espagne, deux du Pérou, deux du nouveau royaume de Grenade, deux de Buénos-Ayres, deux des Philippines, un de l'île de Cuba, un de Porto-Ricco, un de la province de Vénézuela, un de Caracas, un de Quito, un du Chili, un

de Cusco, un de Guatimala, un de Yucatan, un de Guadalaxara, un des provinces occidentales de la Nouvelle-Espagne, un des provinces orientales.

95. Ces députés seront nommés par les municipalités des communes, désignées à cet effet par les vice-rois et les capitaines généraux dans leurs territoires respectifs. — Ils ne peuvent être choisis que parmi les propriétaires de biens-fonds, nés dans les provinces respectives. — Chaque municipalalité élira un individu à la pluralité des voix; l'acte de nomination sera transmis au vice-roi ou au capitaine général. — Celui des individus qui réunira les suffrages du plus grand nombre des communes, sera nommé député; en cas d'égalité de suffrages, le sort en décidera.

94. Les députés exerceront leurs fonctions pendant huit ans; si, à l'expiration de ce terme, ils n'ont point été remplacés, ils continueront l'exercice de leurs fonctions jusqu'à l'arrivée de leurs successeurs.

95. Six députés nommés par le roi, parmi les membres des royaumes et provinces espagnoles d'Amérique et d'Asie, sont adjoints au conseil d'état, section des Indes; ils auront voix consultative sur toutes les affaires qui concerneront les royaumes et provinces espagnoles, soit d'Amérique, soit d'Asie.

TITRE XI.

De l'ordre judiciaire

96. Les Espagnes et les Indes seront régies par un seul code de lois civiles.

97. L'ordre judiciaire est indépendant.

98. La justice se rend au nom du roi, par des cours et des tribunaux institués par lui; en conséquence, tous tribunaux ayant des attributions spéciales et toutes justices seigneuriales et particulières, sont supprimés.

99. Les juges sont nommés par le roi.

100. Il ne pourra y avoir lieu à la destitution d'un juge, qu'en conséquence d'une dénonciation faite par le président ou le procureur-général du conseil de Castille, et d'une délibération motivée dudit conseil, soumise à l'approbation du roi.

101. Il y aura des juges de paix formant un tribunal de conciliation, des tribunaux de première instance, des cours d'appel, une cour de cassation pour tout le royaume, et une haute cour royale.

102. Tout jugement rendu en dernier ressort recevra sa pleine et entière exécution; il ne pourra être déféré à un autre tribunal, que dans le cas où il aurait été annulé par la cour de cassation.

103. Le nombre des tribunaux de première instance sera déterminé selon les besoins des localités; le nombre des cours d'appel, réparties sur toute la surface du territoire de l'Espagne, sera de neuf au moins, et de quinze au plus.

104. Le conseil de Castille fera les fonctions de cour de cassation, il connaîtra les appels comme

d'abus en matière ecclésiastique ; il aura un président et deux vice-présidens; le président est de droit membre du conseil d'état.

105. Il y aura, auprès du conseil de Castille, un procureur général du roi, et le nombre de substituts nécessaires pour l'expédition des affaires.

106. La procédure criminelle sera publique; l'établissement de la procédure par jurés, sera porté à la délibération et à l'approbation de la première assemblée des cortès.

107. Il pourra y avoir un recours en cassation contre tous les jugemens criminels; ce recours sera porté au conseil de Castille; pour l'Espagne et les îles adjacentes; et à la section civile des audiences prétoriales, pour les Indes; à cet effet, l'audience sera constituée en audience prétoriale.

108. Une haute cour royale connaîtra spécialement des délits personnels commis par des membres de la famille royale, par des ministres, des sénateurs et des conseillers d'état.

109. Ses arrêts ne seront soumis à aucun recours; ils ne peuvent être exécutés que lorsqu'ils ont été signés par le roi.

110. La haute cour sera composée de huit sénateurs les plus anciens, des six présidens des sections du conseil d'état, du président et des deux vice-présidens du conseil de Castille.

111. Une loi portée par ordre du roi à la délibéra-

tion et à l'approbation des cortès, déterminera le surplus des attributions et de l'organisation de la haute cour royale, et réglera son action.

112. Le droit de faire grâce n'appartient qu'au roi : il l'exerce après avoir entendu le rapport du ministre de la justice dans un conseil privé, composé de deux ministres, deux sénateurs, deux conseillers d'état, et deux membres du conseil de Castille.

113. Il y aura un seul code de commerce pour l'Espagne et pour les Indes.

114. Il y aura, dans chaque grande ville de commerce, un tribunal et une chambre de commerce.

TITRE XII.

De l'administration des finances.

115. Les valès, les juros et les emprunts de toute nature, qui ont été solennellement reconnus, sont définitivement constitués dettes nationales.

116. Les barrières intérieures de contrée à contrée, et de province à province, sont supprimées dans les Espagnes et dans les Indes ; elles seront transportées aux frontières de terre et de mer.

114. Le système d'imposition sera égal dans tout le royaume.

118. Tous les privilèges existans en faveur de particuliers ou de corporations sont supprimés. La suppression desdits privilèges, autres que ceux de juri-

diction, aura lieu avec indemnité, s'ils ont été acquis à titre onéreux.

Ladite indemnité sera réglée dans le délai d'un an, par un acte émané du roi.

119. Le trésor public est distinct et séparé du trésor de la couronne.

120. Il y aura un directeur-général du trésor public. Il rend chaque année des comptes en recettes et dépenses, avec distinction d'exercice.

121. Le directeur-général du trésor public est nommé par le roi. Il prête entre ses mains le serment de ne souffrir aucune distraction des deniers publics, et de n'autoriser aucun paiement que conformément aux divers crédits ouverts pour les dépenses de l'État.

122. Une cour de comptabilité générale vérifie et arrête définitivement les comptes de tous les comptables. Cette cour est composée de membres nommés par le roi.

123. La nomination à tous les emplois appartient au roi ou aux autorités auxquelles elle est confiée par les lois et réglemens.

TITRE XIII.

Dispositions générales.

124. Il y aura une ligue offensive et défensive à perpétuité, tant sur terre que sur mer, entre la France

et l'Espagne. Un traité spécial déterminera le contingent à fournir par les deux puissances, en cas de guerre de terre ou de mer.

125. Les étrangers qui rendront ou qui auraient rendu des services importans à l'État, qui apporteront dans son sein des talens, des inventions ou une industrie utiles, qui formeront de grands établissemens, ou qui auront acquis une propriété foncière, portée au rôle des contributions annuelles pour une somme de soixante piastres fortes, pourront être admis à jouir du droit de cité. Ce droit leur sera conféré par un acte du roi, rendu sur le rapport du ministre de l'intérieur, le conseil d'état entendu.

126. La maison de toute personne habitant le territoire des Espagnes et des Indes est un asile inviolable; on ne peut y entrer que pendant le jour, et pour un objet spécial déterminé par une loi, ou par un ordre émané de l'autorité publique.

127. Aucune personne habitant le territoire des Espagnes et des Indes ne peut être arrêtée, si ce n'est en cas de flagrant délit, qu'en vertu d'un ordre légal et par écrit.

128. Pour que l'acte qui ordonne l'arrestation puisse être exécuté, il faut 1° qu'il exprime formellement le motif de l'arrestation, et la loi en vertu de laquelle elle est ordonnée; 2° qu'il émane d'un fonctionnaire à qui la loi ait formellement donné ce pouvoir; 3° qu'il soit notifié à la personne arrêtée, et qu'il lui en soit laissé copie.

129. Un gardien ou geôlier ne peut recevoir ou détenir aucune personne, qu'après avoir transcrit sur son registre l'acte qui ordonne l'arrestation ; cet acte doit être un mandat donné dans les formes prescrites par l'article précédent, ou une ordonnance de prise de corps, ou un décret d'accusation, ou un jugement.

130. Tout gardien et geôlier est tenu, sans qu'aucun ordre puisse l'en dispenser, de représenter la personne détenue à l'officier civil ayant la police de la maison de détention, toutes les fois qu'il en sera requis par cet officier.

131. La représentation de la personne détenue ne pourra être refusée à ses parens et amis, porteurs de l'ordre de l'officier civil, lequel sera toujours tenu de l'accorder, à moins que le gardien ou geôlier ne représente une ordonnance du juge pour tenir la personne au secret.

132. Tous ceux qui, n'ayant point reçu de la loi le pouvoir de faire arrêter, donneront, signeront, exécuteront l'arrestation d'une personne quelconque ; tous ceux qui, même dans le cas de l'arrestation autorisée, recevront ou retiendront la personne arrêtée dans un lieu de détention non publiquement et légalement désigné comme tel ; et tous les gardiens et geôliers qui contreviendront aux dispositions des trois articles précédens, seront coupables du crime de détention arbitraire.

133. La torture est supprimée. Toutes les rigueurs employées dans les arrestations, détentions ou exécutions, autres que celles autorisées par les lois, sont des crimes.

134. Si le gouvernement est informé qu'il se trame quelque conspiration contre l'État, le ministre de la police peut décerner des mandats d'amener et des mandats d'arrêt contre les personnes qui en sont présumées les auteurs ou les complices.

135. Tout fidéicommis, majorat ou substitution actuellement existant, qui ne produira pas un revenu annuel de 5,000 piastres fortes, soit par lui-même, soit par la réunion de plusieurs fidéicommis, majorats ou substitutions sur la même tête, est aboli. Le possesseur actuel continuera à jouir des biens desdits fidéicommis, majorats ou substitutions, lesquels biens rentrent dans la classe des biens libres.

136. Tout possesseur de biens provenant d'un fidéicommis, majorat ou substitution actuellement existant, et produisant un revenu annuel de plus de 5,000 piastres fortes, pourra demander, s'il le juge convenable, que lesdits biens rentrent dans la classe des biens libres. L'autorisation nécessaire à cet effet lui sera accordée par un acte émané du roi.

137. Tout fidéicommis, majorat ou substitution actuellement existant, qui produira, soit par lui-même, soit par la réunion de plusieurs fidéicommis, majorats ou substitutions sur la même tête, un re-

venu annuel de 20,000 piastres fortes, sera réduit à un capital produisant net ladite somme. Les biens excédant ledit capital rentreront dans la classe des biens libres, et continueront à être possédés par le possesseur actuel.

138. Il sera statué dans le délai d'un an, par un édit ou réglement du roi, sur le mode d'exécution des dispositions des trois articles ci-dessus.

139. A l'avenir aucun fidéicommis, majorat ou substitution, ne pourra être institué qu'en vertu de lettres-patentes accordées par le roi, pour services rendus, et dans la vue de perpétuer en dignité des familles ayant bien mérité de l'État. Le revenu desdits fidéicommis, majorats et substitutions, ne pourra, dans aucun cas, excéder 20,000 piastres fortes, ni être moindre de 5,000.

140. Les différens grades et classes de noblesse actuellement existans sont maintenus avec leurs distinctions respectives, sans aucune exemption aux charges et obligations publiques, et sans que désormais aucune condition de noblesse puisse être exigée, soit pour les emplois civils et ecclésiastiques, soit pour les grades militaires de terre et de mer : tout avancement sera déterminé par les services et les talens.

141. Nul ne pourra occuper des emplois publics, civils et ecclésiastiques, s'il n'est né sur le territoire espagnol, ou naturalisé.

142. La dotation des différens ordres de chevalerie ne peut être employée, conformément à la distinction primitive, qu'à récompenser les services rendus à l'État. Plusieurs commanderies ne seront jamais réunies sur la même tête.

143. Le présent statut constitutionnel sera successivement et graduellement exécuté par des actes ou édits du roi, de manière que la totalité de ses dispositions soit mise à exécution avant le 1er janvier 1813.

144. Les constitutions particulières des provinces de Navarre, de Biscaye, de Guipuscoa et d'Alava seront soumises à la première assemblée des Cortès, pour statuer conformément à ce qui sera jugé le plus convenable à l'intérêt desdites provinces et à celui de la nation.

145. Deux ans après que le présent statut constitutionnel aura été mis à exécution, la liberté de la presse sera établie; elle sera organisée par une loi délibérée par les cortès.

146. Lors de la première assemblée qui suivra l'année 1820, les additions, modifications et améliorations dont le présent statut constitutionnel sera jugé susceptible, seront portées par ordre du roi à la délibération des cortès.

Le présent statut constitutionnel sera transmis en expédition certifiée par notre ministre secrétaire d'État au conseil de Castille, aux autres conseils et aux tribunaux, et sera proclamé et publié dans les formes accoutumées.

Signé, JOSEPH.

Par le roi,

Le Ministre Secrétaire d'État,

Signé, MARIE-LOUIS URQUIJO.

FIN DES PIÈCES OFFICIELLES ET JUSTIFICATIVES.

TABLE DES MATIÈRES

FIN DE LA TABLE DES MATIÈRES.

www.ingramcontent.com/pod-product-compliance
Ingram Content Group UK Ltd.
Pitfield, Milton Keynes, MK11 3LW, UK
UKHW020147200726
13856UKWH00003B/878